L·E·O

LEO Verlag ist ein Imprint der Scorpio Verlag GmbH & Co. KG,
herausgegeben von Michael Görden

Die ungekürzte amerikanische Originalausgabe erschien 2016 unter dem Titel
»The Bone Broth Secret« bei Hay House Inc., Carlsbad, CA

MIX
Papier aus verantwortungsvollen Quellen
FSC® C084279

Sonderausgabe der Kapitel 1 bis 6 aus »Das große Louise Hay Kochbuch«

Foodstyling: Carolyn Himes
Lektorat: Maryna Zimdars (ungekürzte Ausgabe)
und Angela Hermann-Heene (Sonderausgabe)
Umschlaggestaltung: Guter Punkt, München
Innenlayout: Nadine Clemens, München
Satz und Neugestaltung: Danai Afrati und Robert Gigler
Druck und Bindung: Print Consult GmbH
ISBN 978-3-95736-097-7

Mehr über unsere Bucher
www.leoverlag.de

LOUISE HAY
HEATHER DANE

Meine POWER SUPPEN

Schön und gesund mit magischen Kraftbrühen

Aus dem Amerikanischen
von Thomas Görden

L•E•O

Dieses Buch widmen wir den Pionieren,
Ernährungshistorikern,
Küchenchefs, Bauern, Metzgern, Fischern,
Nachhaltigkeits-Aktivisten und Lehrern,
die vor uns kamen – und allen, die bereit sind,
in die Küche zu gehen
und etwas Nahrhaftes zu kochen.

INHALT

Vorwort

SCHAFFEN WIR GEMEINSAM KULINARISCHE ERLEBNISSE

von Louise Hay

Mein neunzigster Geburtstag liegt bereits hinter mir, doch das Alter ist ohne Bedeutung, wenn wir gesund sind. Und ich war immer überzeugt, dass gute Gesundheit auf drei Prinzipien beruht:

1. Selbstliebe. Als ich vor Jahrzehnten *Gesundheit für Körper und Seele* schrieb, stellte ich dem Buch folgende Widmung voran: »Möge Ihnen dieses Angebot helfen, den Ort in Ihnen zu finden, wo Sie Ihren Selbstwert erkennen, denjenigen Teil von Ihnen, der reine Liebe und Selbstakzeptanz ist.« *Gesundheit für Körper und Seele* wurde weltweit von über 53 Millionen Menschen gelesen, und es ist meine Hoffnung, dass diese Botschaft sich auch in Zukunft weiter verbreiten wird. Sich selbst zu lieben ist die große Wunderkur. Sich selbst zu lieben wirkt in unserem Leben Wunder. Liebe eröffnet uns unser grenzenloses Potenzial.

2. Konzentration auf die richtigen Gedanken. Seien Sie nett zu Ihrem Geist. Selbsthass ist lediglich ein Gedanke, den Sie über sich selbst hegen. Wenn Sie Ihr Denken sanft verändern, werden Sie erkennen, dass Sie es wert sind, geliebt zu werden! Ich finde es enorm aufregend, dass die Wissenschaft inzwischen nachweisen konnte, wie Gehirn und Körper sich durch positive Affirmationen zum Besseren verändern lassen. Unsere Worte und Gedanken verändern nicht nur unsere Zukunft und unsere Erfahrungen. Sie formen auch unsere Überzeugungen und unsere Wahrnehmung. Und dank der Epigenetik wissen wir heute, dass sich dadurch sogar unsere DNA verändert. Positiv über uns selbst zu denken bringt enorme Vorteile.

3. Konzentration auf das richtige Essen. Das Buch *Ernährung für Körper und Seele* schrieb ich zusammen mit meinen Ernäh-

»Knochen repräsentieren die Struktur des Universums. Wenn wir fühlen, dass wir die Wahrheit kennen, fühlen wir das tief in unseren Knochen.«

rungs-Coaches Heather Dane und Ahlea Khadro, um Ihnen jenes Geheimnis für optimale Gesundheit nahezubringen, für das ich weniger bekannt bin: Ernährung. In all den Jahren, während ich positive Affirmationen und Selbstliebe unterrichtete und darüber schrieb, habe ich, um meine Gesundheit, Energie und Vitalität zu stärken, gesunde Ernährung praktiziert und mein Wissen darüber ständig erweitert. Wenn die Leute mich fragen, warum meine Haut so gesund aussieht und wie es möglich ist, dass ich in meinem Alter immer noch reise, unterrichte und das Leben in jeder Hinsicht genieße, antworte ich, dass das an den richtigen Gedanken und der richtigen Ernährung liegt. In *Ernährung für Körper und Seele* haben wir dargelegt, wie Sie durch vollwertige Ernährung Krankheiten auflösen und sich rundum wohlfühlen können.

Diese drei einfachen Prinzipien sind zeitlos. Sie sind uralt, und doch sind sie aus unserer modernen Welt nicht wegzudenken. Weil diese drei Prinzipien – ungeachtet aller Modetrends – das Fundament der Gesundheit bilden, werden Sie uns immer wieder zu den Grundlagen eines guten Lebens zurückführen.

Für mich ist das wie eine gute Knochen-Kraftbrühe. Es ist einfach, es ist altbewährt und ermöglicht es uns, unsere Basis zu stärken. Eine Kraftbrühe mit den wertvollen Inhaltsstoffen der darin ausgekochten Knochen und des Knochenmarks ist viel leichter zuzubereiten, als Sie glauben. Und die Heilwirkung geht viel tiefer, als wir es uns vorstellen. Knochen repräsentieren die Struktur des Universums. Wenn wir fühlen, dass wir die Wahrheit kennen, fühlen wir das tief in unseren Knochen. Diese Kraftbrühe ist erdend und nahrhaft. Das klingt nicht nur wunderbar, sondern es gibt auch solide wissenschaftliche Beweise für den gesundheitlichen Nutzen dieser köstlichen Suppen.

In *Das große Louise Hay Kochbuch* habe ich gemeinsam mit Heather Dane, Gesundheits-Coach und liebe Freundin, ausführlich beschrieben, warum sich Kraftbrühe so positiv auf Gesundheit, Schönheit und Vitalität auswirkt. In diesem Buch fassen wir beide in einem kurzen Überblick das nötige Know How für Sie zusammen, um eine gute Kraftbrühe herzustellen, und dann folgen auch schon die besten Suppenrezepte aus dem umfangreichen, 2016 erschienenen Buch, die seit Jahren zu meiner Gesundheit und Vitalität beitragen. Wir möchten Ihnen gerne zeigen, wie auch Sie dieses schmackhafte Zauber-Elixier zubereiten können. Kommen Sie, wir gehen in die Küche und probieren gemeinsam herrliche Rezepte aus!

Bejahen wir gemeinsam:

In vollkommener Harmonie gebe und empfange ich Nahrung. Mich selbst gut zu nähren ist eine freudige Erfahrung, und ich bin es mir wert, meiner Heilung und meinem Wohlergehen Zeit zu widmen. Gefahrlos kann ich neue Ideen und Wege ausprobieren. Ich gebe mir die Erlaubnis, alles zu sein, was ich sein kann, und ich verdiene im Leben nur das Beste. Ich liebe und wertschätze mich selbst und andere. Und so ist es.

Und jetzt: Los geht's! Lassen Sie uns gemeinsam köstliche Erinnerungen schaffen!

Ich liebe Sie
Louise

1. Kapitel

WAS IST EIGENTLICH KRAFTBRÜHE?

Schon lange setzen Chefköche in aller Welt Kraftbrühen als geheime Aromaspender für ihre Kreationen ein. Unzählige Gesundheitsexperten empfehlen die traditionellen Brühen als ideale Möglichkeit, in der modernen Welt gesund zu bleiben. Tatsächlich wird Knochen-Kraftbrühe seit über tausend Jahren als Nahrungsmittel und zu Heilzwecken genutzt. Erstmalig wird sie sogar schon im Jahr 1000 n. Chr. in Quellen erwähnt.

Viele Experten raten dazu, den aufmunternden Kaffee am Morgen und Nachmittag durch eine Tasse Kraftbrühe zu ersetzen. Kraftbrühe wird als *Superfood* gepriesen, das verjüngend, darmheilend und energetisierend wirkt. Und Spitzenköche sowie Gesundheits-Enthusiasten sind sich einig, dass hausgemachte Kraftbrühen einfach gut schmecken! Eine gute Kraftbrühe ist nicht nur für sich allein ein Genuss, sondern auch eine ideale Zutat für andere Rezepte.

Das Grundrezept der Kraftbrühe besteht einfach darin, dass man Knochen eineinhalb bis achtundvierzig Stunden in Wasser köcheln lässt. Manche sagen, das sei doch »bloß eine Suppe«, aber es ist in Wahrheit so viel mehr! Heute wird Brühe von Chefköchen serviert, die bewusst mit natürlichen, möglichst biologischen Zutaten kochen, und von gesundheitsbewussten Gourmets. Letztere haben die Heilwirkung dieser lange in Vergessenheit geratenen schlichten Speise wiederentdeckt. Der unvergleichliche Geschmack selbst gekochter Kraftbrühe macht wieder Lust auf das sinnliche Esserlebnis aus der guten, alten Zeit vor Fertigpizzas und Fast Food. Kraftbrühe befriedigt unser tiefes Bedürfnis nach der warmen, geborgenen Küche unserer Kindheitserinnerung.

Wenn wir eine Brühe genießen, verbindet uns das mit unseren Vorfahren und ihrer Art zu kochen. Wir werden daran erinnert, dass Essen so viel mehr sein kann als das bloße Stillen unseres Hungers. Essen bedeutet soziale Verbundenheit. Essen ist Liebe. Wenn wir in offener, empfänglicher Stimmung eine gute Kraftbrühe verspeisen, werden wir es erleben.

Die vier wichtigsten Vorzüge der Kraftbrühe

Durch eigene Erfahrung und durch Recherche haben wir vier zentrale Gründe gefunden, warum Kraftbrühe so empfehlenswert ist:

1. Bioverfügbares Kollagen. Dieser für Gesundheit und Schönheit so wertvolle Inhaltsstoff macht Kraftbrühe zu einem echten Heiltrank. Studien belegen, dass Gelatine, also Kollagen in denaturierter Form, die bewirkt, dass die Brühe im Kühlschrank eindickt, sehr wahrscheinliche folgende Gesundheitswirkungen hat:

- stärkere, gesündere Nägel
- Verlangsamung des Alterungsprozesses
- krebshemmend
- Linderung bei Arthritis und Gelenkschmerzen
- Schutz der Körperzellen
- senkt den Blutzuckerspiegel und kann bei Diabetes unterstützend wirken; fördert die Insulin-Regulierung
- fördert gesunden Schlaf
- wirkt gegen Blutungen (Nasenbluten, starke Regelblutungen, Magengeschwüre, Hämorriden und Blasenblutungen)
- hilft die Magensäure zu regulieren, was nützlich ist bei Kolitis, Zöliakie, Geschwüren und anderen Entzündungen im Magen-Darm-Trakt

2. Bioverfügbare Nährstoffe. Kraftbrühe enthält leicht verdauliche Aminosäuren Vitamine, Mineralstoffe und essenzielle Fettsäuren. Die Nährstoffzusammensetzung der Kraftbrühe variiert, je nachdem welche Arten von Knochen, Haut, Knorpel, Sehnen, Bändern, Gemüse, Kräutern und Gewürzen für ein Rezept verwendet werden.

3. Weniger Abfälle – gut für die Haushaltskasse und den Planeten. Als es noch keine Supermärkte gab und die Menschen in größerer Nähe zum Land lebten, achtete man darauf, möglichst alle Bestandteile von Pflanzen und Tieren zu nutzen und nichts zu vergeuden. Ein einziges Rind könnte eine vierköpfige Familie ein ganzes Jahr lang versorgen, wenn wir wie unsere Vorfahren essen würden, also diese Familie das ganze Rind verspeisen würde und nicht bloß ein paar ausgewählte Fleischteile. Filet mignon und Rib-Eye-Steak machen nur 15 Prozent des Rindes aus. Da die Nachfrage nach diesen Stücken stark angewachsen ist, benötigt man immer mehr Rinder – wenn besagte Familie nur diese besonderen 15 Prozent eines Rindes isst, verbraucht sie, statt nur einem, jährlich mehrere Rinder.

Je mehr wir unser Augenmerk auf Lebensmittel richten, die der Gesundheit des Ökosystems dienen, desto mehr finden wir gute Wege für alle Wesen – Tiere, Pflanzen und Menschen … jenes Gesamtsystem, das in Harmonie gemeinsam existieren muss, um gedeihen zu können.

Kraftbrühe schont außerdem Ihre Haushaltskasse, weil Sie dafür das nutzen, was heutzutage als Abfall gilt. Die Haut und anderen Überreste eines Huhns, Tierknochen, Füße, Gemüseschalen und -stiele werden genutzt, um daraus eine nährstoffreiche und heilkräftige Mahlzeit zu kochen. Wir werden Ihnen sogar zeigen, wie Sie Knochen weiterverwerten können, nachdem Sie daraus Suppe gekocht haben.

4. Geschmacksverbesserung für Gesundheitsrezepte. Seit Jahrhunderten verwenden Köche Brühe dazu, Gerichte schmackhafter zu machen. Wenn Sie Ihre eigene Kraftbrühe kochen, werden Sie keine industriell hergestellten, voller Chemie steckenden Brühwürfel mehr benötigen, um Geschmack an Suppen, Eintöpfe und Saucen zu bringen. Sie haben dann nämlich einen eigenen Geschmacksverbesserer, der obendrein jede Menge Vorteile für die Gesundheit bietet. So wird Ihre Nahrung auf wunderbare Weise zu Medizin.

Kraftbrühe und Affirmationen als Medizin

Falls Ihr Immunsystem geschwächt ist, wenn Sie eine Erkältung oder Bronchitis haben, eine Entzündung in sich tragen, unter einer Autoimmunkrankheit, Erschöpfung oder unter Stimmungsschwankungen leiden, wenn Ihnen Beschwerden an Zähnen oder Knochen oder an Muskeln zu schaffen machen, wenn Sie Gewichts- und/oder Darmprobleme haben, können Ihnen unsere Powersuppen, dank der gesunden Inhaltsstoffe der Kraftbrühe, helfen. Ergänzend zur Heilwirkung der Kraftbrühe möchten wir Ihnen Affirmationen ans Herz legen. Jede Aussage, die Sie treffen, ist eine Affirmation. Eine negative Affirmation wie *Ich werde nie gesund* bringt Sie nicht weiter. Wenn Sie stattdessen sagen *Ich bin offen dafür, mich gut zu fühlen,* öffnen Sie die Kanäle Ihres Bewusstseins, um genau das zu erschaffen. Probieren Sie es am besten gleich aus:

In der Unendlichkeit des Lebens ist alles perfekt und heil. Mein Körper ist mein bester Freund. Jede Zelle meines Körpers verfügt über göttliche Intelligenz. Ich höre auf das, was diese Intelligenz mir sagt. Und ich weiß, dass ich diesem Rat vertrauen kann.
Ich bin immer geborgen, göttlich beschützt und göttlich geführt. Ich entscheide mich dafür, gesund und frei zu sein. Alles ist gut in meiner Welt.

Ist Kraftbrühe ein Allheilmittel?

Wir glauben nicht, dass ein Lebensmittel alle Krankheiten heilen kann. Kraftbrühe hat aber eine Besonderheit, wodurch sie sich von allen anderen Lebensmitteln unterscheidet: Sie liefert dem Körper bioverfügbares Kollagen. Das Kollagen kommt in einer Gemüsekraftbrühe kombiniert mit ebenfalls bioverfügbaren Mineralien, Aminosäuren, Glykosaminoglykanen, Vitaminen und Antioxidantien vor, was diese Suppe zu einem Superfood macht, das auf sanfte Weise den Körper stärkt und belebt.

Dieses Wunder geschieht nicht über Nacht. Wir haben Artikel gelesen, in denen Reporter schreiben, sie hätten Kraftbrühe eine Woche lang ausprobiert und »keine besondere Wirkung« festgestellt. Ein oder sogar zwei Wochen sind in der Regel ein viel zu kurzer Zeitraum für etwas so Wichtiges wie die grundlegende Kräftigung der Körperstruktur. Bei den meisten Menschen dauert es mindestens einen Monat, bis sich bei regelmäßigem Kraftbrühen-Genuss erste positive Veränderungen einstellen. Oft dauert es aber auch mehrere Monate. Kollagen neu aufzubauen geht nicht von heute auf morgen, wie wissenschaftliche Forschungsergebnisse zeigen, aber es funktioniert. Deswegen ist es so hilfreich, Kraftbrühe über einen längeren Zeitraum regelmäßig zu verzehren.

Die Menschen sind verschieden: Wenn Kraftbrühe nicht hilft

Jeder Mensch ist einzigartig, und wir alle befinden uns in unterschiedlichen Phasen unserer Heilungsreise. Daher kann Kraftbrühe gar keine ideale Lösung für jeden sein. Wenn Sie feststellen, dass Kraftbrühe Ihnen nicht gut bekommt, verdünnen Sie sie mit Wasser oder verzehren Sie stattdessen Fleischbrühe, also Brühe, die statt mit Knochen, Mark und Knorpel mit Fleisch gekocht wird und nur 1½ bis 3 Stunden simmern soll. In diesem Buch finden Sie auch ein vegetarisches Bouillon-Rezept (siehe Seite 53) für den Fall, dass Ihr Darm extrem empfindlich ist und Sie Ihrem Körper zunächst rein pflanzliche Mineralien und Antioxidantien zuführen möchten. Gemüsesuppe liefert Ihnen zwar nicht die wertvollen Inhaltsstoffe der Tierknochen, also Kollagen, Aminosäuren und Mineralien, aber Sie erhalten pflanzliche Vitamine und Mineralien aus dem Gemüse, die für Ihre Heilungsreise hilfreich sind. Hierbei ist es eine gute Idee, Gemüsesorten wie Mangold, grüne Bohnen, Spinat, rote Paprikaschote, rotblättrigen Salat, Tomaten, Möhren, Rote Bete, Lauch, Gurken und Meeresalgen zu verwenden, die den Kollagenaufbau unterstützen. Nachdem Sie 30 bis 90 Tage die vegetarische Gemüsebrühe verwendet haben, können Sie wahrscheinlich problemlos auf Fleischbrühe umstellen und von dem darin enthaltenen Kollagen profitieren.

Der Beginn Ihrer Kraftbrühen-Entdeckungsreise

Ob Sie nun Kraftbrühe oder Fleischbrühe verwenden, beide eignen sich hervorragend, um die Verdauung zu heilen und den Körper zu nähren. Die folgende Affirmation ist ein guter Start für diese Reise:

In der Unendlichkeit des Lebens ist alles perfekt, heil und ganz. Ich glaube an eine Macht, die viel größer ist als ich und mich in jedem Augenblick durchströmt. Ich öffne mich für meine innere Weisheit im Wissen, dass es im Universum nur eine Intelligenz gibt. Von dieser Intelligenz kommen alle Lösungen, alle Heilungen und alle neuen Schöpfungen. Ich vertraue auf diese Macht und Intelligenz und weiß, dass mir alles, was ich wissen muss, zur rechten Zeit enthüllt wird. Und alles, was ich brauche, kommt zur rechten Zeit und am rechten Ort zu mir. Alles ist gut in meiner Welt.

Wir laden Sie ein, ganz bewusst Ihre Kraftbrühe zu genießen, Ihre Affirmationen aufzusagen und die Verbundenheit zwischen Ihnen und allem, was ist, zu spüren. Damit führen Sie sich körperlich und geistig gute, heilsame Nahrung zu. Konzentrieren Sie sich jedes Mal, wenn Sie Brühe zubereiten, darauf, dass Liebe Ihr Herz erfüllt, von dort in Ihren ganzen Körper strömt und in die Brühe hinein ausstrahlt. Fühlen Sie, wie die Brühe Ihre heilende Liebesenergie aufnimmt. Wenn Sie die Brühe verzehren oder sie als Zutat für ein Gericht verwenden, empfangen Sie nährende Liebe. Spüren Sie, während Sie die warme Brühe trinken, wie Wärme in Ihrem Herzzentrum zu leuchten beginnt – eine wohlige Weichheit und Sanftheit. Lassen Sie zu, dass Ihre Art, über sich selbst zu denken und zu sprechen, durch dieses Gefühl verändert wird. Wenn Sie andere Menschen einladen, gemeinsam mit Ihnen von der Brühe zu essen, teilen Sie mit ihnen die Energie der Liebe.

Hinweis:
Das in den Rezepten häufig vorkommende Maß »Tasse« – englisch: »Cup« – entspricht bei Flüssigkeiten 240 ml. Es dient aber auch als Hohlmaß für feste Zutaten, z. B. Getreide. Verwenden Sie zum Abmessen eine 250-ml-Standardtasse. Oder besorgen Sie sich ein Messbecherset für Cups.

2. Kapitel

DAS KRAFTBRÜHEN-EINMALEINS

Das Tolle an Kraftbrühe ist, dass bei ihr nichts schiefgehen kann. Schließlich geht es im Kern darum, Knochen in Wasser zu kochen. Vielleicht entscheiden Sie sich, etwas Apfelessig, Gemüse und Gewürze dazuzugeben, sei es aus gesundheitlichen Erwägungen oder einfach wegen des Geschmacks. Und, vor allem: Seien Sie neugierig. Bringen Sie Experimentierfreude und Entdeckerlust mit!

Welche Küchenausstattung brauchen Sie?

Die Zubereitung von Kraftbrühe ist einfach. Das Einzige, was Sie auf jeden Fall brauchen, sind Suppentopf oder Schongarer und ein feines Küchensieb. Die nachfolgend aufgezählten Gerätschaften sind nützlich, aber nicht notwendig. (Wir stellen Sie Ihnen vor, weil sie uns so gute Dienste leisten.)

Suppentopf. Ein großer, tiefer Topf mit flachem Boden und zwei Griffen, wie Sie ihn für Pasta oder große Suppenmengen nutzen. Wie groß der Topf sein muss, hängt davon ab, wie viel Brühe Sie zubereiten möchten: Wir empfehlen eine Größe zwischen 11 und 20 Liter.

Als Material raten wir zu 18/10-Edelstahl oder zu emailliertem Gusseisen. Beachten Sie dabei, dass emailliertes Gusseisen schwer ist. Töpfe aus Edelstahl wiegen deutlich weniger und sind entsprechend einfacher zu handhaben. Töpfe aus Aluminium sind nicht empfehlenswert, weil beim Kochen Aluminium ins Essen gelangen und als toxisches Schwermetall den Körper schädigen kann. Gusseisen ist eine gute Wahl, allerdings gibt es Bedenken, dass es möglicherweise zu viel Eisen freisetzt, was bei Menschen, die ohnehin eine zu hohe Eisenkonzentration im Körper haben, zu unerwünschten Effekten führen kann. Empfehlenswert sind auch dreilagige Edelstahl-Kochtöpfe. Sie bestehen aus Aluminium, das von zwei Edelstahl-Schichten ummantelt ist. Solche Töpfe weisen eine gute Wärmeleitfähigkeit auf, ohne dass der Topfinhalt mit Aluminium in Kontakt kommt.

Schongarer. Ein Schongarer ist ein elektrischer Kochtopf zum schonenden, langsamen Erhitzen von Speisen. Er gehört zu unserem Liebling unter den Kochgeräten. Man gibt einfach die Zutaten hinein und muss sich nicht weiter darum kümmern, bis die Brühe fertig zum Abseihen ist. Schongarer sind einfach zu bedienen und in der Regel sehr preiswert.

Am einfachsten sind sie zu bedienen, wenn sie über einen Timer verfügen, bei dem Sie die Kochzeit voreinstellen können. Nach der Kochzeit von vier, sechs, acht oder zehn Stunden schaltet der Schongarer automatisch auf die Warmhaltefunktion um.

Wir empfehlen einen Schongarer mit einem Einsatz aus Keramik oder Edelstahl. Allerdings wird Keramik nachgesagt, dass daraus toxische Substanzen ins Essen gelangen können. Hersteller wie Hamilton Beach werben damit, dass bestimmte ihrer Modelle mit bleifreier Keramik ausgestattet sind. Und die Firma VitaClay bietet einen Multikocher mit einem Einsatz aus Ton an, der sich auch für Dampfgaren, Reiskochen und die Joghurtherstellung eignet. Multikocher sind teurer als einfache Schongarer, erfreuen sich aber unter gesundheitsbewussten Köchinnen und Köchen wachsender Beliebtheit.

Küchensieb. Verwenden Sie einen Seiher mit kleinen Löchern oder ein feinmaschiges Küchensieb. Damit sorgen Sie dafür, dass Ihre Brühe schön fein wird, ohne grobe Bestandteile. (Wenn der Seiher zu große Löcher hat, können Sie ihn mit einem Passiertuch auslegen.) Wir empfehlen Siebe aus Edelstahl, weil heiße Flüssigkeiten bei Kunststoffsieben Toxine aus dem Plastik freisetzen können.

Edelstahl-Kelle. Eine Schöpfkelle erleichtert es Ihnen, Brühe in Schüsseln oder Aufbewahrungsgefäße zu füllen.

Einmachgläser. Einmachgläser mit Glasdeckel oder Schraubverschluss eignen sich sehr gut zur Aufbewahrung der Kraftbrühe, vor allem wenn Sie Brühe portionsweise einfrieren möchten. Hilfreich ist, wenn Sie die Gläser mit Datum und Sorte der Brühe beschriften.

Trichter mit breiter Öffnung. Eine große Hilfe beim Umfüllen der Brühe in Einmachgläser. Wir raten zu Trichtern aus Edelstahl, nicht aus Kunststoff, weil Brühe heiß ist, und heiße Flüssigkeiten aus Plastik Toxine lösen können.

Eiswürfelbereiter aus Silikon. Wer mag, kann Brühe in Eiswürfelformen füllen. So erhält man kleine Portionen, die sich gut als Zutat für Suppen, Saucen und andere Speisen eignen. Verwenden Sie aber unbedingt Eiswürfelformen aus Silikon, denn sie sind frei von BPA und Phthalaten, toxischen Substanzen, die in vielen Kunststoffen enthalten sind.

Kraft- oder Fleischbrühe richtig zubereiten

Da Sie nun wissen, welche Ausrüstung Sie brauchen, machen wir Sie im nächsten Schritt mit der Zubereitung der Kraftbrühe vertraut.

1. Wie soll die Brühe schmecken – neutral, aromatisch oder würzig?

Als wir die Rezepte für dieses Buch entwickelten, wurde uns klar, dass es, was den Geschmack der Kraftbrühe angeht, drei verschiedene Optionen gibt. Jede dieser drei Varianten hat ihre Vorteile.

Neutrale Kraftbrühen sind nahezu geschmacksneutral (oder haben einen sehr milden Eigengeschmack). Man kann sie in zahlreichen Rezepten verwenden, ohne dass das Gericht nach Fleisch schmeckt. Diese Brühen werden ausschließlich mit Knochen und ohne Fleisch zubereitet (oder mit sehr wenig Fleisch, zum Beispiel einem Ochsenschwanz), denn der Geschmack kommt aus dem Fleisch. Neutrale Brühen kann man sehr gut in Desserts oder Cocktails »einschmuggeln«. So kommen Sie mit einer neutralen Brühe in den Genuss der gesundheitlichen Vorteile, ohne jedoch die Brühe herauszuschmecken.

Aromatische Kraftbrühen werden mit Knochen, Fleischstücken, Gemüse, Kräutern und Gewürzen zubereitet. Durch Fleisch, Gemüse (zum Beispiel Zwiebeln und Knoblauch) und Kräuter entsteht ein deutlicher Eigengeschmack. Diese Brühen kann man wunderbar als eigenständige Mahlzeit genießen oder als Grundlage für leckere Gerichte verwenden. Für Desserts eignen sie sich aber nicht.

Würzige Kraftbrühen schmecken besonders intensiv und würzig, weil ihnen kräftige Würzmittel hinzugefügt werden. Das können Gewürze oder auch bestimmte Fertigwürze sein, zum Beispiel die in Thailand und Vietnam sehr beliebte Fischsauce, die aus fermentierten Sardellen hergestellt wird. Wenn in Restaurants Kraftbrühe auf der Speisekarte steht, haben wir schon Meersalz, Kräuter, Gewürze, Fischsauce und andere Zutaten wie Knochenmark als Würzmittel gesehen. Bei Ihren eigenen Brühenrezepten können Sie alles verwenden, was würzig ist und Ihnen und Ihren Lieben schmeckt. Achten Sie aber immer auf gute Qualität: Verwenden Sie Gewürze aus ökologischem Anbau, frische Kräuter und Meer- oder Himalajasalz (statt einfachem Speisesalz). Dann schmeckt es nicht nur gut, sondern Sie tun auch etwas für die Gesundheit.

2. Knochen und andere Zutaten auswählen

Das Grundrezept für eine Kraftbrühe besteht einfach nur aus Knochen und Wasser. Alles andere ist optional!

Knochen. Die Ansichten über die Menge der Knochen gehen auseinander. Wir empfehlen, genug Knochen zu nehmen, sodass der Kochtopf zu zwei Dritteln gefüllt ist. Gießen Sie nur so viel Wasser dazu, dass die Knochen gerade eben bedeckt sind. (Wenn Sie zusätzlich Gemüse in die Brühe geben, müssen Sie die Knochenmenge natürlich entsprechend reduzieren, damit genug Platz im Topf ist.) Verwenden Sie möglichst:

- *Tierteile, die viel Kollagen und Knorpel enthalten, weil das dem Körper viel Gelatine zuführt* – Haut (Hühnerhaut für Hühner-brühe, Schweinehaut für Fleischbrühe oder Fischköpfe und Fischhaut für Fischbrühe), Knöchel, Füße, Gelenke (Hühnerfüße für Hühnerbrühe, Rinderfüße oder Schweinefüße für Fleischbrühe), Nacken, Kopf oder Schwanz (zum Beispiel Ochsenschwanz).
- *Fleischige Knochen* – diese können weitgehend vom Fleisch befreit sein oder mit Fleisch gekocht werden (Rippen, Markknochen, Schenkel und so weiter).
- *Gemischte Knochen* – manche Puristen verwenden nur Knochen von einer Tierart, weil es zu dem Rezept passen soll, das sie zubereiten, also zum Beispiel Rinderknochen für Rindereintopf. Fischgräten sollte man in jedem Fall nicht zusammen mit Geflügel- oder Säugetierknochen kochen, weil die Garzeit bei ihnen kürzer ist. Geflügel- und Säugetierknochen lassen sich sehr gut zusammen kochen. In diesem Buch finden Sie viele Rezepte, die Ihnen beim Experimentieren mit verschiedenen Knochensorten helfen können. Finden Sie heraus, was Ihnen am besten schmeckt.

Wasser. Wir empfehlen gefiltertes Wasser oder Quellwasser, um eine besonders reine, heilkräftige Brühe zu erhalten.

Optionale Zutaten. Wieviel Sie Ihrer Brühe zugeben, entscheiden Sie nach Geschmack

- *Gemüse.* Mit Gemüse fügen Sie der Brühe nicht nur gesunde Nährstoffe, son dern auch feine Aromen hinzu.
- *Kräuter und Gewürze.* Eine weitere Möglichkeit, Geschmackserlebnis und Nährwert zu steigern.

3. Die Knochen vorbereiten

Hier folgen einige Möglichkeiten:

Rohe Knochen. Die Brühe damit zuzubereiten ist einfach. Vielleicht haben Sie aber auch bereits erhitzte Knochen, die als Reste einer Mahlzeit übrig sind, etwa Hühnerknochen.

Gebräunte Knochen. Viele rösten Knochen gerne im Backofen, weil sie dadurch aromatischer werden und man außerdem eine schöne, klare Brühe erhält. Einige Rezepte in diesem Buch verlangen ausdrücklich gebräunte Knochen als Zutat, bei anderen sind rohe Knochen gewünscht. Damit möchten wir Ihnen Gelegenheit geben, beide Varianten auszuprobieren, um herauszufinden, was Ihnen am besten schmeckt. Letztlich steht es Ihnen frei, bei jedem Rezept rohe oder gebräunte Knochen zu verwenden. Zum Bräunen der Knochen den Backofen auf 180 °C vorheizen. Die Knochen auf einem Backblech verteilen und im Ofen 45–60 Minuten rösten. Nach der Hälfte der Zeit die Knochen einmal wenden.

Knochen blanchieren. Dafür die Knochen in einen Topf legen und mit Wasser gut bedecken. Dann bei starker Hitze aufkochen, und offen bei mittlerer Hitze 5 Minuten kochen lassen. Anschließend das Wasser abgießen und für die eigentliche Brühenzubereitung frisches Wasser dazugeben. Durch das Blanchieren entfernt man Blut und Unreinheiten von den Knochen. Die meisten Menschen blanchieren nur Schweine- oder Rinderfüße, andere Knochen und Tierteile nicht. Probieren Sie es aus, wenn Sie möchten, und sehen Sie selbst!

EIN WORT ZUR SICHERHEIT

Die meisten Menschen haben kein Problem damit, einen Schongarer 24 Stunden oder länger eingeschaltet zu lassen. Anders sieht es aus, wenn eine Herdplatte stundenlang eingeschaltet bleibt, während man das Haus verlässt oder schlafen geht. Nach den modernen Vorstellungen von Küchensicherheit sollte man einen Kochtopf nicht unbeaufsichtigt auf dem eingeschalteten Herd stehen lassen. Doch unsere Vorfahren ließen tagelang Suppe auf dem Herd simmern. Louise macht sich keine Sorgen, wenn eine Brühe bei kleiner Hitze auf dem Elektroherd simmert. Sie verlässt zwischendurch die Küche und erledigt andere Dinge im Haus. Bevor Sie aber das Haus verlässt, schaltet sie den Herd stets aus. Heather benutzt einen Schongarer und lässt ihn nachts eingeschaltet oder geht auch einmal für ein bis zwei Stunden aus dem Haus. Entscheiden Sie selbst, womit Sie sich wohlfühlen. Die Sicherheit von Ihrem Zuhause, der Familie und der Haustiere sollte immer vorgehen, wenn Sie Kraftbrühe zubereiten.

4. Den Kochtopf oder Schongarer mit Knochen, Wasser und den anderen Zutaten füllen und die Brühe simmern lassen

Füllen Sie den Topf entsprechend der bisherigen Empfehlungen. Stellen Sie den Schongarer auf niedrige Temperatur. Wenn Sie die Brühe im Kochtopf auf dem Herd zubereiten, das Wasser bei starker Hitze aufkochen, dann alles bei kleiner Hitze maximal 3 Stunden köcheln bzw. simmern lassen. Kraftbrühe sollte je nach Rezept wesentlich länger simmern.

5. Fett und Schaum abschöpfen, während die Brühe simmert … oder nicht?

Beim Kochen einer Knochen-Kraftbrühe, setzt sich an der Oberfläche Schaum ab. Darin befinden sich Aminosäuren und Unreinheiten, die möglicherweise Toxine enthalten. Chefköche und traditionelle Köche sagen oft, dass man den Schaum mit einem feinen Sieb abschöpfen soll. Das kann etwas mühsam sein, weil die Fettkügelchen in der Flüssigkeit schwimmen und sich nur schwer entfernen lassen. Wir bevorzugen deshalb eine einfachere Methode: Wir passieren die Brühe durch ein feines Sieb in Gläser und stellen sie in den Kühlschrank. Das Fett setzt sich oben auf der abgekühlten Brühe ab, sodass man es leicht mit einem Löffel abschöpfen kann.

Wenn Sie Knochen von hoher Qualität verwenden, können Sie den Schaum ruhig in der Brühe lassen (außer er stört Sie.) Wenn er stört, schöpfen Sie ihn einfach ab! Wenn

Sie Knochen aus konventioneller Tierhaltung verwenden, können das Fettgewebe und das Knochenmark Toxine enthalten, die dann in den Schaum gelangen. In diesem Fall sollten Sie den Schaum besser abschöpfen, wobei man auch dann, wenn man Fleisch und Knochen aus konventioneller Tierhaltung verwendet (aus Kostengründen oder weil man keinen Zugang zu Bioprodukten hat), immer noch ziemlich gute Heilresultate erzielen kann.

Wir sind daher der Ansicht, dass jeder für sich selbst entscheiden muss, was sich für ihn richtig anfühlt. Die Menschen sind eben biologisch verschieden, und deswegen gibt es keine feste Regel dafür, ob man den Schaum oder das Fett aus der Brühe entfernen soll oder nicht.

Küchentipp: Brühe klären

Trübe Brühen sind prima, wenn Sie es so wollen! Wenn Sie aber eine klare Brühe wünschen, gehen Sie so vor:

1. **Die Knochen bräunen.** Wischen Sie die gebräunten Knochen aber vor Gebrauch sauber und trocknen Sie sie ab.
2. **Die Brühe sanft simmern lassen.** Vermeiden Sie starkes Aufkochen.
3. **Das Fett abschöpfen,** während die Brühe kocht.
4. **Die Brühe mehrfach passieren.** Das gelingt besonders gut, wenn Sie ein feines Küchensieb zusätzlich mit einem Passiertuch auslegen.
5. **Die Brühe in den Kühlschrank stellen.** Wenn die Brühe durch das Abkühlen dickflüssig geworden ist, lässt sich die Fettschicht leicht entfernen, und ebenso die braunen Rückstände, die sich am Boden abgesetzt haben.

6. Die fertige Brühe passieren

Nach dem Simmern, wie im Rezept beschrieben, können Sie die Brühe passieren. Nehmen Sie dafür ein feines Küchensieb – um ein noch feineres Ergebnis zu erhalten, können Sie zusätzlich ein bis zwei Passiertücher in das Sieb legen – und halten Sie es über eine Edelstahlschüssel. Oder Sie füllen die Brühe mit einem Trichter und einem kleinen Küchensieb direkt in das Gefäß, in dem sie abgekühlt und aufbewahrt werden soll. Wenn Ihnen dabei jemand zur Hand geht, ist das hilfreich, aber es geht auch ohne Hilfe.

Lassen Sie sich Zeit, damit Sie eine schöne klare Brühe erhalten. Wenn Sie möchten, können Sie die Brühe auch mehr als einmal passieren. Aber notwendig ist das nicht. Wenn Sie die Brühe in den Kühlschrank stellen, setzt sich, wie bereits erwähnt, beim Abkühlen das Fett an der Oberfläche ab, das sich leicht abschöpfen lässt.

Steht die Brühe eine Zeit lang im Kühlschrank, bekommt sie eine geleeartige Konsistenz. Jedenfalls sollte das im Idealfall so sein. Falls die Brühe nicht so dickflüssig wird wie erwartet, ist das auch okay. Sie ist auch dann gesund und nahrhaft.

7. Brühe richtig aufbewahren

Wie Sie Brühe aufbewahren, hängt davon ab, was für Sie am praktischsten ist und wofür die Brühe verwendet werden soll. Wir benutzen gerne Einmachgläser mit Schraubdeckel, aber für kleinere Portionen eignen sich auch Eiswürfelbereiter aus Silikon.

Kraftbrühe und Fleischbrühe halten sich im Kühlschrank bis zu sieben Tage und tiefgekühlt bis sechs Monate. Viele erfahrene Brühenköche berichten, dass sich die Brühe im Kühlschrank länger hält, wenn man die Fettschicht an der Oberfläche belässt, bis die Brühe verwendet wird. Ist die Fettschicht einmal entfernt, muss die Brühe in drei bis vier Tagen verbraucht werden.

Beachten Sie aber, dass die Haltbarkeit der Brühe im Kühlschrank von vielen Faktoren abhängt. Deshalb empfehlen wir, Ihre Sinne einzusetzen, vor allem den Geruchssinn. Unsere Vorfahren machten beim Kochen viel mehr Gebrauch von ihren Sinnen: Sie wussten durch Riechen, Probieren oder sogar Berühren, ob eine Speise gut für sie war. Daher ermutigen wir Sie, Ihre Sinne zu schärfen und wieder mehr auf Ihre Intuition zu vertrauen.

Zwei Personen, die täglich Brühe konsumieren, benötigen pro Woche zwei bis dreieinhalb Liter. Wenn die Kraftbrühe zum festen Bestandteil Ihrer täglichen Ernährung wird, sollten Sie, kurz bevor das Einmachglas im Kühlschrank leer ist, ein neues aus dem Tiefkühlfach nehmen. So haben Sie bei Bedarf immer Brühe parat.

Wenn Sie Brühe in Einmachgläsern einfrieren, haben wir hier ein paar Tipps, wie Sie Glasbruch vermeiden können:

* Füllen Sie das Glas nur zu zwei Dritteln. So hat die Flüssigkeit beim Gefrieren genug Raum, um sich auszudehnen. Lassen Sie die Gläser unverschlossen bei Zimmertemperatur abkühlen. Schrauben Sie die Gläser zu und stellen Sie diese vor dem Einfrieren für 24 Stunden in den Kühlschrank, denn dann ist der Temperaturschock nicht so groß.
* Verwenden Sie Gefrierbeutel als zusätzliche Schutzhülle für die Einmachgläser. (Empfehlenswert ist außerdem, die Gläser zu beschriften, damit Sie wissen, um was für eine Brühe es sich handelt und wann sie eingefroren wurde.)

8. Brühe einsatzbereit machen (ein Wort zu Gelatine und Fettschicht)

Als wir begannen, Kraftbrühe zuzubereiten, stellten wir fest, dass die Brühen auch dann gut gelangen und viel Gelatine enthielten, wenn wir nicht alles »richtig« machten. Die Zubereitung einer guten Brühe ist eben viel einfacher, als es anfangs scheint.

Eine fertig gekochte Brühe ist zunächst einmal heiß, sodass Sie noch nicht sagen können, wie viel Gelatine sie enthält. Erst nach dem Passieren und nachdem die Brühe für 24 Stunden im Kühlschrank aufbewahrt wurde, sehen Sie das Ergebnis:

Die Fettschicht. Wenn Sie die Brühe aus dem Kühlschrank nehmen, sehen Sie als Erstes, dass das Fett sich als Schicht an der Oberfläche abgesetzt hat. Je nachdem, welche Knochen Sie verwendet haben und ob Sie das Fett abgeschöpft haben oder nicht, werden Dicke und Festigkeit der Fettschicht variieren. Die »Haube« aus Fett sorgt für eine bessere Haltbarkeit der Brühe. Entfernen Sie die Schicht daher erst unmittelbar, bevor Sie die Brühe verwenden. Wenn Sie Tierprodukte aus konventioneller Landwirtschaft oder Fisch aus konventionellen Fischfarmen verwendet haben, raten wir, die Fettschicht besser nicht zu verzehren.

Wurden Tiererzeugnisse aus ökologischer Landwirtschaft oder Wildfisch verwendet, können Sie das Fett entfernen und für andere Rezepte verwenden. Viele Köche benutzen es zum Anbraten sowie für Suppen und Pfannengerichte. Am häufigsten werden Rindertalg, Schweineschmalz und Hühnerfett verwendet. Louise nimmt besonders gerne Entenfett.

Das abgeschöpfte Fett klären. Bewahren Sie die entfernte Fettschicht in einem Glas oder abgedeckt in einer Schüssel im Kühlschrank auf, bis Sie bereit sind, das Fett zu klären. Natürlich können Sie es auch einfach so verwenden. Aber es enthält dann Rückstände der Brühe und Proteine, die den Geschmack beeinflussen und bewirken, dass es sich nicht so gut zum Kochen verwenden lässt. Außerdem verdirbt es schneller. Wenn Sie das Fett klären, hält es sich länger und ist leichter verwendbar. Das Klären geht so:

* Das Fett in einen Stieltopf geben und bei kleiner Hitze zerlassen.
* Dann das Fett vom Herd nehmen und abkühlen lassen, entweder im Topf oder in einer Glasschüssel. Das Fett in den Kühlschrank stellen und so lange kühlen, bis es wieder fest geworden ist.
* Das fest gewordene Fett aus dem Kühlschrank nehmen und den Topf oder die Schüssel mit der Unterseite in heißes Wasser stellen. (Sie können dafür das Spülbecken oder eine größere Schüssel benutzen.) Dadurch löst sich das Fett.
* Den Stieltopf oder die Schüssel über einen Teller vorsichtig umdrehen und das Fett behutsam mit einem Löffel, Buttermesser oder Spatel auf den Teller geben. Wie Sie sehen werden, haben sich die dunklen Rückstände an der Unterseite des Fettes abgesetzt (die sich jetzt oben befinden).
* Diese dunkle Schicht mit einem Messer vorsichtig von dem Fett abschaben. Achten Sie darauf, wirklich alles zu entfernen, sodass nur das saubere, weiße Fett übrigbleibt.
* Anschließend so viel von dem Fett abnehmen, wie Sie in den nächsten zwei Wochen schätzungsweise verbrauchen werden, und im Kühlschrank aufbewahren. Den Rest portionsweise einfrieren. Wir benutzen dafür kleine Einmachgläser, die wir mit Fettsorte und Abfülldatum beschriften. Als zusätzlichen Schutz gegen Glasbruch packen wir jedes Glas in einen Gefrierbeutel. Auch Silikon-Eiswürfelbereiter kann man gut zum portionsweisen Einfrieren verwenden.

Jetzt ist die Brühe einsatzbereit. Unter der Fettschicht befindet sich die Brühe, die Sie nun nach Belieben verwenden können – als Zutat für ein Rezept oder aufgewärmt zum Genießen.

Ziel sollte ein dickes Gelee sein, das sich kaum bewegt, wenn Sie das Glas schütteln, nachdem es einige Zeit im Kühlschrank gestanden hat. Wenn die gekühlte Brühe so fest ist, dass sie sich nicht ausgießen lässt und herausgelöffelt werden muss, wissen Sie, dass es sich um eine wirklich reichhaltige Gelatine-Quelle handelt. Eine ölig zähflüssige Konsistenz ist aber auch gut!

Falls die Brühe gar nicht eingedickt ist, enthält sie immer noch reichlich Mineralien und Aminosäuren. Wenn Sie die Brühe als Grundlage für ein anderes Rezept einsetzen möchten, für das Brühe mit einer dickeren Konsistenz notwendig ist, empfehlen wir Ihnen, ein hochwertiges Gelatinepulver zu nehmen. Das geben Sie in Ihre Brühe, und sie wird sehr schön eindicken.

Wenn die Brühe nicht von sich aus beim Abkühlen eindickt, kann das folgende Ursachen haben:

* Sie haben zu wenig Knochen oder zu viel Wasser verwendet.

* Knochen oder Haut waren nicht kollagenhaltig genug – Füße, Knöchel, Nacken und Rücken enthalten viel Kollagen.
* Sie haben die Brühe zu stark gekocht, statt sie bei kleiner Hitze simmern zu lassen. Dadurch wurde das Kollagen zu sehr aufgespalten. Besonders gut gelingt das sanfte Kochen der Brühe in einem Schongarer. Wenn Sie die Brühe auf dem Herd zubereiten, stellen Sie die Hitze, wenn das Wasser zu kochen beginnt, auf die niedrigste Stufe. So kann die Brühe gut simmern.
* Es handelt sich um eine Fleischbrühe. Fleischbrühen dicken wegen der kürzeren Garzeit nicht so stark ein wie Kraftbrühen, die man wesentlich länger simmern lässt.

Verwenden Sie ein nicht aromatisiertes Gelatinepulver, wenn das Rezept eine gelatinereiche Brühe erfordert. Auf diese Weise den Gelatinegehalt zu erhöhen ist bei Kraftbrühe ebenso möglich wie bei einer Fleisch- oder vegetarischen Gemüsebrühe:

* Erwärmen Sie dazu Ihre Brühe und geben Sie pro 950 ml einen Esslöffel nichtaromatisiertes Rindergelatinepulver hinzu. Wenn diese Mischung abgekühlt ist, ergibt das eine gut eingedickte Brühe.

9. Knochen wiederverwenden: Gut für die Haushaltskasse und den Planeten

Hier gibt es viele Herangehensweisen, je nachdem mit welchem Koch, Küchenchef oder Metzger man sich darüber unterhält. Da ist zum Beispiel Aaron Rocchino, Besitzer des *Local Butcher Shop* in Berkeley, Kalifornien. Er bereitet eine gelatinereiche Bouillon zu, indem er Knochen lange simmern lässt, dann die Flüssigkeit passiert und diese Knochen noch einmal lange simmern lässt. Das Resultat des zweiten Simmerns nennt man *Remoulliage* (Nachbrühe). Dabei werden den Knochen noch mehr Geschmacksstoffe und Mineralien entzogen. Man kann dann die Brühe aus dem ersten Simmern und die Nachbrühe noch einmal zusammen simmern lassen, was eine sehr gehaltvolle, konzentrierte Brühe ergibt.

Viele Bauern und traditionelle Köchinnen und Köche stellen die Remoulliage auf andere Art her. Statt die Brühe und die Nachbrühe zusammenzuschütten und erneut simmern zu lassen, nehmen sie die Knochen von der ersten Brühe und kochen damit eine zweite Brühe, die aber nicht mit der ersten gemischt wird. Manchmal kochen sie sogar noch eine dritte Portion mit denselben Knochen.

Was geschieht, wenn Sie für mehrere Brühen hintereinander dieselben Knochen verwenden? Bei der zweiten und dritten Brühe geht der Gehalt an Mineralien und Aminosäuren natürlich immer mehr zurück, aber nahrhaft und gesund sind auch diese Brühen noch. Wenn Sie Fleischbrühe kochen, können Sie die dafür zusätzlich zum Fleisch verwendeten Knochen öfter verwenden, weil die Garzeit nur maximal drei Stunden beträgt. Wie oft Sie die Knochen wiederverwenden, bleibt Ihnen überlassen. Bei Kraftbrühe, die man lange simmern lässt, können die Knochen lediglich ein- bis zweimal wiederverwendet werden, und zwar nur, solange sie nicht zerfallen. Fischgräten zerfallen schneller als Säugetierknochen, weswegen man sie in der Regel nur einmal verwenden kann.

Wenn Sie Knochen wiederverwenden und für diese Brühe einen höheren Gelatinegehalt wünschen, geben Sie einen Schweinefuß, Rinderknöchel, Rinderfuß oder Hühnerfuß hinein.

Die Zutaten richtig auswählen

Entscheidend für eine gute Kraftbrühe oder Fleischbrühe ist die Wahl der richtigen Zutaten. Wenn Sie tierisches Eiweiß verzehren, verzehren sie all das, was das Tier verzehrte. Mit anderen Worten, es kommt darauf an, was dieses Tier gefressen hat beziehungsweise womit es gefüttert wurde. Und wenn Sie es so sehen wie wir, werden Sie gewiss Wert auf einen humanen Umgang mit den Tieren legen – wir sind überzeugt, dass die Tiere frei herumlaufen und ihr natürliches Futter fressen sollten. Und sie sollten während ihres gesamten Daseins gut behandelt werden. Immer mehr Landwirte halten ihre Tiere heute so. Wir nennen sie »ethische Landwirte«, weil sie wirklich um das Wohl ihrer Tiere besorgt sind – und um das Wohl der Konsumenten, die das Fleisch dieser Tiere kaufen.

Das Wichtigste zuerst: Reste verwerten!

Ein großer Vorteil von Kraft- und Fleischbrühen besteht darin, dass Sie dafür Reste anderer Mahlzeiten verwenden können. Das macht sie zu einer sehr ökonomischen Möglichkeit, gesundes Essen zuzubereiten und einen Vorrat anzulegen.

Wir betrachten Brühe als »die zusätzliche Gabe«. Sagen wir, am Anfang haben Sie ein Huhn oder vielleicht Hühnerschenkel. Sie bereiten daraus eine Mahlzeit, bei der die Knochen übrigbleiben. Diese können Sie sofort für Brühe verwenden oder zunächst einfrieren. Die Brühe können Sie dann für sich allein oder als Zutat für Suppen, Saucen, Getreidegerichte oder sogar Desserts verwenden. Aus den Resten des Essens vom Vortag können Sie am nächsten Tag eine Suppe kochen. Auf diese Weise wird jede Mahlzeit zu einer Hochzeit von frischen Zutaten mit dem, was zuvor schon gekocht wurde. Und das macht den Geschmack immer reicher und intensiver.

Wenn Sie noch keine Knochen-, Fleisch- oder Gemüsereste zu Hause haben, beginnen

Sie einfach mit einem Bummel zum nächsten Bioladen, Bauernmarkt oder Supermarkt.

Fleisch und Geflügel

Der Goldstandard für jede Brühe ist Fleisch und Geflügel aus ökologischer Tierhaltung (Freilandhaltung und artgerechte Fütterung). Das heißt: Es wurden keine Antibiotika und Hormone eingesetzt, und die Tiere wurden auf der Weide gehalten und fraßen natürliches Futter. Dieses Fleisch ist zwar am teuersten, aber man muss dabei berücksichtigen, dass Sie für Kraftbrühe die Essensreste verwerten und somit das teure tierische Protein optimal verwerten.

Eine weitere Option besteht darin, nur Knochen, Knochenmark und Teile wie Nacken, Rücken und Gelenke zu kaufen. Diese Teile sind wesentlich preiswerter. Nachfolgend einige wichtige Aspekte, die Sie beim Kauf von tierischem Eiweiß berücksichtigen sollten:

Ökologische Tierhaltung. Bei der Produktion von Fleisch, Geflügel und Eiern sind Antibiotika und Wachstumshormone untersagt. Pestizide, Kunstdünger und genveränderte Futterpflanzen dürfen nicht verwendet werden. Daher sind Fleisch und Geflügel aus ökologischer Landwirtschaft zwar eine ausgezeichnete Wahl, aber es kann dennoch sein, dass die Tiere unnatürlich gefüttert werden, wenn es sich nicht um Weidehaltung handelt. Bei Weidehaltung wird es den Tieren ermöglicht, sich draußen auf der Weide zu bewegen und zu grasen. Rinder, Schweine, Hühner und andere Haustiere fressen dabei natürliches Futter. Es ist die beste Lebensweise für ihre Gesundheit, und ihr Körper bekommt, was er wirklich braucht. Fragen Sie gezielt danach.

Wildfleisch. Das magere Fleisch von Reh, Hirsch, Wildschwein oder Wildgeflügel ist heute sehr beliebt. Hirschfleisch kommt oft von gezüchtetem Damwild, nicht aus der Jagd. In diesem Fall sollten Sie sich erkundigen, wie die Tiere gehalten und gefüttert werden.

Fisch

Verwenden Sie für Fischbrühe nicht-ölige Wildfischsorten, zum Beispiel Pazifischen Pollack (»Alaska-Seelachs«), Seebarsch, Kabeljau und Heilbutt. Ölige Fische (zum Beispiel Lachs und Sardellen) enthalten Fette, die beim Kochen einer Brühe ranzig werden können.

Wildfisch ist die beste Option, denn wilde Fische schwimmen in offenen Gewässern und fressen das für sie natürliche Futter, wie etwa andere Fische, Algen und Seetang. Wildfisch weist einen höheren Gehalt an Eiweiß und Omega-3-Fettsäuren auf, und die Tiere sind generell gesünder als die Fische in Fischfarmen.

Bei Wildfischen wie bei Zuchtfischen kann der Quecksilbergehalt problematisch sein. Kaltwasserfische und kleinere Arten enthalten in der Regel weniger Quecksilber. Ein weiterer Aspekt, der berücksichtigt werden sollte, ist der Artenschutz. Bestimmte Arten sind wegen Überfischung in ihrem Bestand bedroht. Die Bedrohungssituation bei den einzelnen Fischarten kann sich von Jahr zu Jahr ändern. Aktuelle Informationen dazu finden Sie im Internet. Fragen Sie an der Fischtheke im Supermarkt oder anderen Verkaufsstellen für Frischfisch gezielt nach Fisch aus nachhaltigem Fang.

Auswahl von weiteren Zutaten

Wenn Sie einer Brühe neben Knochen und Wasser Gemüse und Gewürze hinzufügen möchten, sollten Sie ein paar Dinge beachten.

Biogemüse

Gemüse aus ökologischer Landwirtschaft ist frei von Gentechnik und Pestiziden. Verwenden Sie möglichst nur Biogemüse, sowohl für eine Gemüsebrühe wie auch als Zugabe für eine Kraftbrühe. Gemüsebrühe lässt sich sehr leicht zubereiten. Man lässt Gemüse eine Stunde in Wasser simmern. Anschließend wird die Brühe passiert und kann pur getrunken oder als Zutat für Rezepte verwendet werden (siehe Basisrezept Seite 53). Bei Kraft- oder Fleischbrühe ist es nicht zwingend notwendig, Gemüse dazuzugeben, und in manchen Fällen auch gar nicht erwünscht (etwa wenn Sie die Kraftbrühe für Desserts verwenden). Doch für gewürzte Brühen, die man pur trinkt oder für Rezepte verwendet, sind Gemüse eine wundervolle Zutat, durch die zudem der Vitamin- und Mineralstoffgehalt erhöht wird.

Falls Sie doch auf konventionelles Gemüse zurückgreifen wollen oder müssen, beachten Sie, dass Gemüsefrüchte und Blattgemüse in der Regel stärker belastet sind als Wurzel- und Stangengemüse. Waschen Sie konventionell angebautes Gemüse auf jeden Fall gründlich. Brühen sind ein sehr guter Weg, den höheren Preis von Biogemüse zu kompensieren, denn für selbst gemachte Brühen nutzen Sie jene Pflanzenteile, die Sie sonst wegwerfen oder kompostieren würden: harte Spargelenden, Zwiebelschalen, Stiele und Strünke – all das eignet sich prima für Brühe, denn durch das Simmern nutzt man die in diesen Pflanzenteilen enthaltenen Nährstoffe.

Geben Sie das Gemüse am besten erst in der letzten Stunde zur Brühe, da es nicht länger dauert, die Nährstoffe aus ihm herauszukochen. Es gibt aber hier keine festen Regeln. Folgen Sie einfach Ihrer Intuition und experimentieren Sie!

Apfelessig

Es gibt viele Traditionen, die man aus Gründen, die wir vielleicht nie erfahren werden, von Generation zu Generation weiterreicht. Eine davon ist, in Knochenbrühe Apfelessig zu verwenden. Notwendig ist er eigentlich nicht, denn die Annahme, er löse Mineralstoffe und Aminosäuren aus den Knochen heraus, ist widerlegt.

Sie können jede Essigsorte verwenden. Reis- oder Weißweinessig kann jedoch bei Personen mit empfindlicher Verdauung zu Beschwerden führen. Wir empfehlen Apfelessig, weil er den Geschmack der Brühe nicht beeinträchtigt. Kaufen Sie unpasteurisierten, ungefilterten Bioapfelessig – er enthält gesunde lebende Enyzme.

Kräuter und Gewürze

Kräuter (die grünen, blättrigen Teile von Pflanzen, die man zum Würzen verwendet) und Gewürze (getrocknete, konzentrierte und aromatische Pflanzenteile) sind wunderbare Zutaten für eine Brühe. Sie sind konzentrierte Quellen für Phytonährstoffe, was bedeutet, dass sie voller lebenspendender Antioxidanzien stecken. Unsere Rezepte in diesem Buch beinhalten Kräuter und Gewürze, die während des Simmerns der Brühe für den Geschmack hinzugefügt werden, oder es handelt sich um heilkräftige Zutaten, die vor dem Trinken in eine Brühe gegeben werden.

In unseren Rezepten verwenden wir Kräuter und Gewürze großzügig, um ihre gesundheitsfördernden Eigenschaften ebenso wie ihre Fähigkeit zu nutzen, die sechs Geschmacksrichtungen der ayurvedischen Medizin auszubalancieren (süß, salzig, sauer, bitter, scharf und herb/zusammenziehend). Wenn Sie diese Geschmacksrichtungen ausbalancieren, werden Sie sich zufriedener und geerdeter fühlen. Auch der Heißhunger auf eine bestimmte Geschmacksrichtung, meistens süß oder salzig, wird dadurch reduziert (siehe auch Seite 94).

3. Kapitel

BASISREZEPTE FÜR KNOCHENKRAFTBRÜHEN, FLEISCH- UND GEMÜSEBRÜHEN

Machen Sie sich die Einstellung der berühmten amerikanischen Köchin Julia Child zu eigen: *Was kann schon schiefgehen?* Sie haben die Zutaten und nötigen Küchengeräte – also sind Sie startklar! Das Brühekochen mag Neuland für Sie sein, aber glauben Sie uns: Sie können es. Sie werden sehen, dass es viel einfacher ist als Sie denken.

Manche Rezepte stammen von Küchenchefs, Metzgern, Farmern und Heilern in Kalifornien (vor allem Südkalifornien). Der Grund dafür ist, dass wir beide hier leben und viele Freunde haben, mit denen wir Rezepte austauschen und über Kraftbrühen fachsimpeln. Damit wollen wir aber auf keinen Fall die vielen wunderbaren Brühenrezepte aus anderen Teilen der Welt abwerten. Wir wissen, dass es auf der ganzen Welt viele Freunde artgerechter Tierhaltung und gesunder natürlicher Ernährung gibt. Wenn Sie Hofläden und Erzeugermärkte aufsuchen, sich mit den Küchenchefs Ihrer Lieblingsrestaurants und den örtlichen Metzgern austauschen, werden Sie schon bald Ihren eigenen Kreis von gleichgesinnten Brühen-Liebhaberinnen und -Liebhabern finden.

Regelmäßig Kraftbrühe zu kochen und zu essen wird Ihrer Gesundheit guttun. Gleichzeitig reduzieren Sie damit Müll und stellen eine gute Verbindung zur Erde her. Das heimelige Gefühl der Küche unserer Vorfahren wird so wieder lebendig. Vor allem aber werden Sie sich an den köstlichen Gerichten erfreuen, die Sie mit diesem aromatischen »Geheimnis der Spitzenköche« zubereiten! Vielleicht werden Sie schon bald mutig und kreieren eigene Rezepte. Das ist das Wunder von Nahrung und Leben ... der ewige Kreis.

LOUISES LIEBLINGS-KRAFTBRÜHE ODER GEMÜSEBRÜHE

neutral oder aromatisch

Diese Methode eignet sich für alle Fleisch- oder Fischbrühen sowie für vegetarische Brühen. Wenn Sie bei den Fleisch- oder Fischbrühen zusätzlich Gemüse dazugeben, erhalten Sie eine aromatische Brühe. Ohne Gemüse, nur mit Knochen oder Gräten, wird die Brühe bei dieser Art der Zubereitung neutral.

Wir beginnen dieses Kapitel mit Louises Brühenrezept, weil es so herrlich einfach ist. Sogar die Experten bestätigten uns, dass sie, seit sie es ausprobiert haben, Fans von Louises Rezept sind!

Dieses Rezept ermöglicht es Ihnen, auf einfache Weise Küchenreste für die Brühen zu sammeln. Wenn Sie dann alles beisammen haben, was Sie benötigen, geht die Zubereitung der Brühe leicht und schnell. So reduzieren Sie die Küchenabfälle fast auf Null und kochen aus den Resten nahrhafte Brühen.

Sie können diese Brühen trinken oder für Rezepte verwenden, beispielsweise für Getreidegerichte oder Suppen.

Zutaten sammeln im eigenen Rhythmus

Stellen Sie eine große Einkaufstüte aus Papier in Ihr Tiefkühlgerät. Wenn das Tiefkühlgerät klein ist oder Sie nur ein Gefrierfach im Kühlschrank haben, verwenden Sie einen Zip-Gefrierbeutel. Beschriften Sie diese Beutel (zum Beispiel mit: »Brühengemüse«, »Knochen unbenutzt«, »Knochen einmal benutzt« und so weiter).

Sammeln Sie im Laufe einer Woche (oder mehrerer Wochen) alle Knochen und Fleischreste in der Tüte oder den Beuteln. Für neutrale Brühen sammeln Sie in einer separaten Tüte alle pflanzlichen Küchenabfälle – beispielsweise Schalen von Zwiebeln, Knoblauch oder Möhren, Salatreste, Artischockenspitzen, Kohlstrünke, harte Spargelenden und Erbsenhülsen. Wenn Sie Zutaten für eine aromatische Brühe sammeln, geben Sie Gemüseabfälle und Knochen in eine Tüte.

Wenn Sie Brühe kochen wollen, aber noch nicht genug Fleischreste und Knochen gesammelt haben, kaufen Sie Hals, Füße, Rücken und Flügel eines Huhns. Andere

Optionen für eine Brühe mit viel Gelatine sind Lammhals, Schweinefüße, Rinderfüße oder Markknochen.

Wer möchte, gibt zusätzlich ein bis zwei etwa 8 Zentimeter große Stücke von Braunalgen, zum Beispiel Wakame oder Digitata, in die Brühe, das erhöht den Mineraliengehalt.

Vegetarische Brühe: Verwenden Sie hierfür ausschließlich pflanzliche Küchenreste.

Die Brühe zubereiten

Geben Sie alle gewünschten Zutaten aus dem Gefrierbeutel in einen Edelstahlkochtopf. Noch einfacher geht es mit einem Schongarer.

Füllen Sie so viel Wasser in den Topf, dass der Inhalt nur gerade eben bedeckt ist. Geben Sie eine Vierteltasse Apfelessig dazu und lassen Sie das Ganze 1 Stunde ziehen.

Geben Sie rund 2 Teelöffel Meersalz und 10 schwarze Pfefferkörner dazu. Später, beim Abschmecken, können Sie nach Belieben noch mehr Salz und Pfeffer beimischen.

Alles zugedeckt bei starker Hitze kurz aufkochen (oder Schongarer auf hohe Temperatur stellen). Sobald die Flüssigkeit kocht, die Temperatur auf kleine Hitze senken. Den Deckel leicht schräg auflegen, sodass ein klein wenig Luft entweichen kann. Die Brühe wie folgt simmern lassen (bzw. Schongarer auf niedrige Temperatur stellen):

* vegetarische Gemüsebrühe 1 Stunde
* Fleischbrühe 3 Stunden
* Knochen-Kraftbrühe bis 48 Stunden

Wenn die Brühe ein paar Stunden simmert, kann die Flüssigkeitsmenge so weit zurückgehen, dass die Knochen aus dem Wasser ragen. In diesem Fall füllen Sie einfach Wasser nach, bis alles wieder bedeckt ist.

Kochen Sie die Brühen im Schongarer und Topf immer mit Deckel. Achten Sie aber beim Topf darauf, dass durch leichte Schrägstellung des Deckels Luft entweichen kann. Manche Köche lassen die Brühe während der letzten Stunde gerne ohne Deckel simmern.

Wenn die Brühe fertig ist, passieren Sie diese durch ein feines Küchensieb. Füllen Sie die Brühe dann mit der Schöpfkelle in Gläser oder eine große Schüssel.

Wenn Sie möchten, können Sie die verwendeten Knochen, Fleischstücke und Gemüsereste für eine weitere Brühenzubereitung aufheben (siehe Seite 27). Bei Knochen mit viel Fleisch können Sie das Fleisch anschließend für Pasteten, Eintöpfe oder Suppen verwenden.

Stellen Sie die Brühe in den Kühlschrank. Entfernen Sie die Fettschicht, die sich beim Abkühlen oben auf der Fleisch- und Knochenbrühe absetzt. (Dieses Fett können Sie später für andere Gerichte verwenden.)

Beginnen Sie sofort wieder damit, Reste für eine neue zu sammeln. Der Körper wird es Ihnen danken, wenn Sie ihn auf diese Weise regelmäßig mit gesunder Nahrung versorgen.

HEATHERS EINFACHE OCHSENSCHWANZBRÜHE

neutral

Diese neutrale Brühe mit hohem Gelatinegehalt ist ideal für Desserts, aber auch für nahezu alle anderen Rezepte. Die Zubereitung ist einfach, und es werden leicht erhältliche Zutaten verwendet. Markknochen und Ochsenschwanzfleisch gehören zu unseren Lieblings-Delikatessen.

Vorbereitung: 15 Minuten
Zubereitung insgesamt: 4–25 Stunden
Menge: ergibt 3–4 Liter

1 Markknochen (ca. 18 cm lang), wenn möglich in der Mitte gespalten (verwenden Sie bei kleineren Knochen eine Menge, die zusammen etwa 18 cm Länge ergibt)
1,5–2 kg Ochsenschwanzknochen – in der Regel sind das 4–6 Knochen
½ Schweinefuß (oder auch einen ganzen Fuß, wenn Sie ihn nicht zerteilen möchten)
¼ Tasse Apfelessig

1. Den Backofen auf 180 °C vorheizen.
2. Markknochen mit der aufgespaltenen Mitte nach oben (wenn die Knochen gespalten sind; sonst einfach flach hinlegen), Ochsenschwanzknochen und Schweinefuß auf ein tiefes (um das geschmolzene Fett aufzufangen) Backblech legen.
3. Markknochen, Ochsenschwannzknochen und Schweinefuß 30–40 Minuten im Ofen rösten, bis das Ochsenschwanzfleisch leicht gebräunt ist. Nach Belieben Ochsenschwänze und Schweinefuß nach 15 Minuten wenden.
4. Nach dem Rösten das Mark aus den Markknochen lösen. Es ist eine Delikatesse, schmeckt angenehm leicht und süßlich und ist reich an gutem Fett. Servieren Sie es

warm, mit Meersalz bestreut, als vollwertige Mahlzeit oder als Vorspeise. Sie können es auch in ein Einmachglas oder anderes Gefäß füllen und für später aufheben. Aufgewärmt schmeckt es wunderbar zum Getreidefreien Kräuterbrot oder Mayas finnischem Sauerteig-Roggenbrot. Aber sicher werden Sie auch andere Rezepte entdecken, für die Sie dieses gesunde Fett nutzen können.

5. Die gerösteten Knochen in einen Topf geben. So viel Wasser dazugießen, dass Knochen und Fleisch gerade bedeckt sind. Den Apfelessig hinzufügen. Sie können einen Schongarer, einen Kochtopf auf dem Herd oder einen Bräter im Backofen verwenden:

Schongarer: Auf niedrige Temperatur stellen und Fleischbrühe 1½–3 Stunden simmern lassen, Knochen-Kraftbrühe 24 Stunden. Sie müssen die Knochen vorher nicht 1 Stunde in Wasser und Apfelessig ziehen lassen, weil der Schongarer sich nur langsam erwärmt.

Kochtopf: Vor dem Kochen Knochen, Wasser und Apfelessig 1 Stunde ziehen lassen. Anschließend alles bei mittlerer Hitze aufkochen, dann bei kleiner Hitze simmern lassen (Fleischbrühe 3 Stunden und Kraftbrühe bis 24 Stunden).

Bräter: Brühezutaten und Apfelessig in den Bräter geben und abgedeckt in den Backofen stellen. Ofen auf niedrigste Temperatur stellen (oder auf etwa 70–100 °C). Fleischbrühe etwa 3 Stunden simmern lassen und eine konzentrierte Kraftbrühe bis 24 Stunden. Da der Backofen etwas Zeit zum Aufheizen benötigt, müssen die Knochen vorher nicht in Apfelessig ziehen.

6. Wenn sich nach einigen Stunden die Flüssigkeitsmenge verringert hat und die Knochen herausragen, dann Wasser nachfüllen, bis sie wieder bedeckt sind.
7. Brühe im Schongarer und Topf immer mit Deckel kochen. Achten Sie aber beim Topf darauf, dass durch leichte Schrägstellung des Deckels Luft entweichen kann.
8. Bei allen drei Garmethoden können Sie, wenn Sie die Brühe 24 Stunden simmern lassen, nach 1½ Stunden Ochsenschwänze und Fleisch herausnehmen oder die ganze Zeit mitkochen, je nachdem, ob Sie das Fleisch schon früher für ein anderes Gericht benötigen.
9. Die Brühe nach dem Simmern abkühlen lassen. Danach durch ein feines Küchensieb in eine große Schüssel gießen. Stellen Sie das Sieb mit den Knochen darin für einen Moment beiseite.

10. Anschließend die Brühe zum Beispiel in Einmachgläser oder Eiswürfelbereiter füllen und in den Kühlschrank stellen oder einfrieren. Frieren Sie die Brühe erst ein, nachdem sie auf Zimmertemperatur abgekühlt ist, vor allem wenn Sie Glasgefäße verwenden. Schließlich soll Glasbruch durch zu große Temperaturunterschiede vermieden werden!
11. Heben Sie die Knochen auf, die Sie erneut verwenden möchten. Lösen Sie das Fleisch von den Ochsenschwanzknochen und bewahren Sie es in einem geeigneten Gefäß im Kuhlschrank auf, um daraus zum Beispiel eine Pastete zuzubereiten. Sie können das Fleisch auch einfrieren, um es später für Suppen und Eintöpfe zu verwenden.
12. Wenn die Knochen, die Sie wiederverwenden wollen, Zimmertemperatur haben, frieren Sie diese in einem Gefrierbeutel oder einem Behälter ein. Beschriften Sie den Beutel mit der Art der Knochen und vermerken Sie, dass sie »gebraucht« sind und wie oft sie schon verwendet wurden.

KLASSISCHE METZGERBRÜHE

neutral

Von Aaron Rocchino, Besitzer des *Local Butcher Shop* in Berkeley, Kalifornien. Diese neutrale Brühe mit hohem Gelatinegehalt ist ideal für Desserts, aber auch für nahezu alle anderen Rezepte.

Vorbereitung: 10 Minuten
Zubereitung insgesamt: bis 48 Stunden
Menge: ergibt etwa 4 Liter Brühe

2 kg rohe Rinderknochen
1,5 kg rohe Schweineknochen und Schweinehaut (Die Haut des Schweins enthält viel Kollagen. Man bekommt sie beim Metzger; alternativ können Sie auch einen gespaltenen Schweinefuß verwenden.)
½ Tasse Apfelessig

1. Knochen und Haut in einen großen Topf (oder einen Schongarer) geben. So viel Wasser dazugießen, dass die Knochen etwa 2,5–5 cm hoch bedeckt sind.
2. Den Apfelessig hinzufügen.
3. Die Mischung 1–2 Stunden ziehen lassen,.
4. Alles bei starker Hitze aufkochen, dann bei kleiner Hitze 2 Tage lang (48 Stunden) simmern lassen.
5. Wenn sich nach einigen Stunden die Flüssigkeitsmenge verringert hat und die Knochen herausragen, dann Wasser nachfüllen, bis sie wieder bedeckt sind.
6. Brühe im Schongarer und Topf immer mit Deckel kochen. Achten Sie aber beim Topf darauf, dass durch leichte Schrägstellung des Deckels Luft entweichen kann. Manche Köche lassen die Brühe während der letzten Stunde gerne ohne Deckel simmern.
7. Nach dem Kochen die Brühe durch ein feines Küchensieb in eine große Schüssel oder in Einmachgläser gießen.
8. Die Brühe abkühlen lassen (manche Profiköche verwenden hierfür ein Eisbad, aber zu Hause genügt es, die Brühe einfach lange genug stehen zu lassen)
9. Wenn die Brühe Zimmertemperatur hat, diese in den Kühlschrank stellen. Die Fettschicht abheben (wegwerfen oder für andere Gerichte verwenden). Wenn Sie die Fetthaube auf der Brühe lassen, hält sie sich im Kühlschrank doppelt so lange. Ohne Fettschicht bleibt die Brühe gekühlt 3–4 Tage frisch.
10. Sie können die Brühe auch einfrieren, dann hält sie sich 6 Monate.

UNIVERSAL-KRAFTBRÜHE

neutral

Ein Rezept von **Brian Merkel,** Chefmetzger bei der *Belcampo Meat Co.* in San Francisco. Diese neutrale Brühe mit hohem Gelatinegehalt ist ideal für Desserts, aber auch für nahezu alle anderen Rezepte. Bei Belcampo Meat, einer Metzgerei mit angeschlossenem Restaurant, wird diese Suppe täglich frisch zubereitet. Man verwendet dort nur Fleisch und Knochen aus artgerechter, kontrolliert biologischer Weidehaltung. Die Konsistenz der Brühe variiert, je nach Knochenart oder ob viel Fleisch und Sehnen dazugegeben wurden, was die Brühe dunkler und geschmacklich kräftiger macht. Experimentieren auch Sie bei der Zubereitung der Brühen mit unterschiedlichen Knochenarten und der Intensität des Röstens.

Vorbereitung: 30 Minuten
Zubereitung insgesamt: 25½–49½ Stunden
Menge: ergibt etwa 4 Liter Brühe

1 gespaltener Schweinefuß (sie werden typischerweise in zwei Hälften gespalten verkauft)
1,5 kg fleischige Rinderknochen, in 2,5–5 cm große Stücke geschnitten (fragen Sie nach Rinderknöcheln mit Sehnen und/oder Kniescheiben)
1 kg fleischige Schweineknochen in 2,5–5 cm große Stücke geschnitten (Halsknochen eignen sich gut, aber auch alle anderen Schweineknochen)
500 g fleischige Hühnerknochen (Rücken, Flügelspitzen, ganzes Gerippe)
8 Hühnerfüße (wenn es keine Füße gibt, nehmen Sie Hühnerknochen)
Optional: **Schweinehaut,** wenn erhältlich (für die Brühe vorher am besten das Fett abschaben)

1. Den Backofen auf 200 °C vorheizen.
2. *Blanchieren:* Zum Reinigen die Schweinefußhälften in kochendem Wasser 20 Minuten blanchieren. Das Wasser anschließend wegschütten.
3. Knochen und Schweinefüße auf ein Backblech legen und im heißen Backofen 45–60 Minuten rösten, bis sie schön gebräunt, aber nicht verbrannt sind.
4. Die Knochen in einen Schongarer oder großen Topf legen, dann so viel Wasser dazugießen, dass sie gerade bedeckt sind. Alles bei kleiner Hitze sanft simmern lassen – nicht kochen! Mindestens 24 oder bis 48 Stunden simmern lassen. Zwischendurch ab und zu das Fett abschöpfen.
5. Wasser nachfüllen, wenn die Knochen nach längerem Simmern herausragen.
6. Brühe im Schongarer und Topf immer mit Deckel kochen. Achten Sie aber beim Topf darauf, dass durch leichte Schrägstellung des Deckels Luft entweichen kann. Manche Köche lassen die Brühe während der letzten Stunde gerne ohne Deckel simmern.
7. Die Brühe ein- bis dreimal durch ein feines Küchensieb gießen, bis die Brühe schön bernsteingelb ist und keine Fleischstückchen mehr darin schweben.
8. Über Nacht abkühlen lassen, dann unmittelbar vor Verwendung der Brühe die Fettschicht entfernen (wer möchte, verwendet das Fett zum Kochen).

HARMONISCHE RINDERBRÜHE

neutral

Diese einzigartige Kraftbrühe von **Quinn Wilson** ist der große Hit in San Diego! In *Carnitas Snack Shack Del Mar* stehen die Kunden Schlange und kaufen literweise diese heilsame Brühe, die Quinn in ihrer eigenen Firma *Balanced & Bright Bone Broth* herstellt.

Vorbereitung: 20 Minuten
Zubereitung insgesamt: 37½–48½Stunden
Menge: ergibt 4–5 Liter Brühe

1,5 kg Oberschenkelknochen und Knöchel vom Rind (Fragen Sie nach geschnittenen Knochen, damit sie kleiner sind. Sie sollten in den Schongarer passen.)
1 Stück frischer Ingwer (2,5–3 cm)
2 Sternanise
1 EL Apfelessig
1 TL gemahlener Kardamom

1. Den Backofen auf 220 °C vorheizen. Ein Backblech einfetten.
2. Die Knochen auf das Backblech legen und im Ofen dunkelbraun rösten. Je nach Backofen dauert das in der Regel 35–40 Minuten.
3. Inzwischen den Ingwer in Scheiben schneiden und mit dem Sternanis in den Schongarer geben. Die Knochen nach dem Rösten 10–15 Minuten abkühlen lassen, danach ebenfalls in den Schongarer geben. Dann so viel Wasser dazugießen, dass die Knochen gerade bedeckt sind.
4. Den Apfelessig dazugeben und alles 15–20 Minuten ziehen lassen.
5. Den Schongarer ganz mit Wasser füllen, alles bei kleiner Hitze 36–48 Stunden simmern lassen.
6. Wasser nachfüllen, wenn die Knochen nach längerem Simmern herausragen.

7. Brühe im Schongarer und Topf immer mit Deckel kochen. Achten Sie aber beim Topf darauf, dass durch leichte Schrägstellung des Deckels Luft entweichen kann. Manche Köche lassen die Brühe während der letzten Stunde gerne ohne Deckel simmern.
8. In der letzten Stunde der Garzeit den Kardamom hinzufügen.
9. Am Ende der Garzeit den Schongarer ausschalten und die Brühe 1 Stunde im Topf abkühlen lassen.
10. Die Knochen herausnehmen und die Brühe sorgfältig abseihen. In Gläser füllen und über Nacht im Kühlschrank abkühlen lassen.
11. Auf der Oberfläche der Brühe wird sich eine mehr oder weniger dicke Fettschicht absetzen. Durch diese Fettschicht hält sich die Brühe im Kühlschrank länger. Entfernen Sie das Fett erst, wenn Sie die Brühe verwenden möchten – lösen Sie es mit einem Messer vorsichtig an den Rändern und heben Sie es ab. (Sie können es für andere Rezepte verwenden.)
12. Wer die Brühe gleich verwenden möchte, wärmt sie im Topf auf – nur sanft simmern lassen, nicht aufkochen, bis sie gut erhitzt ist.
13. Die Brühe nach Wunsch abschmecken und servieren.

FARMER LESLIES KRAFTBRÜHE

neutral oder aromatisch

Dieses Rezept von Leslie Pesic und Dave Heafner von der *Da-Le Ranch,* einer familiengeführten Farm in Lake Elsinore, Kalifornien, besteht aus zwei Schritten. Im ersten Schritt entsteht eine neutrale Brühe. Wenn Sie dann noch den zweiten Schritt tun, wird die Brühe aromatisch. Es handelt sich zwar um ein Rezept für Rinderbrühe, aber es funktioniert auch mit Lamm, Schwein und Huhn.

Vorbereitung: 30–40 Minuten
Zubereitung insgesamt: 37–49 Stunden
Menge: ergibt 4–5 Liter sehr konzentrierte Brühe

Je etwa 500 g:
Markknochen
Knöchel
Halsknochen
Oberschenkelknochen (Fragen Sie nach geschnittenen Knochen, dann lassen sie sich leichter verarbeiten.)
Fußknochen (z. B. 1 Rinderfuß)
Nach Wahl folgende rohe Fleischstücke für zusätzliches Aroma:
Fleischiger Unterschenkel
Querrippe
1 Tasse Apfelessig

Optionale Zutaten (für Schritt 2):
Nur mit den Knochen erhalten Sie eine neutrale Kraftbrühe. Mit den nachfolgenden Zutaten wird die Brühe kräftig und aromatisch und ist ideal für schnell zubereitete, delikate Suppen und Eintöpfe:
1 große Zwiebel, ungeschält (keine süße Zwiebel verwenden)
2 große Knoblauchzehen, ungeschält
5 Stangen Staudensellerie
4 mittelgroße Möhren
2 EL Knoblauchpulver
½ TL gemahlenes Selleriesalz
2 getrocknete Lorbeerblätter

Kochtipps von der Farm:

* Verwenden Sie das vorgeschlagene Gemüse ganz nach Geschmack und Vorliebe. Experimentieren Sie damit. Wenn Sie eine der Zutaten nicht vertragen, lassen Sie diese einfach weg.
* Da das Gemüse nach dem Kochen entfernt wird, müssen Sie es nicht klein schneiden, es sei denn, Sie möchten das gerne.

Anweisungen für Schritt 1 – Kraftbrühe aus fleischigen Knochen:

1. Knochen und Apfelessig in den Topf geben. So viel Wasser dazugießen, bis die Knochen gerade bedeckt sind.
2. Alles kurz aufkochen, dabei sollte die Brühe möglichst nicht überkochen (das passiert in unserer Küche manchmal!). Danach die Brühe abgedeckt bei kleiner Hitze etwa 36 Stunden simmern lassen.
3. Wenn sich nach einigen Stunden die Flüssigkeitsmenge verringert hat und die Knochen herausragen, dann Wasser nachfüllen, bis sie wieder bedeckt sind.
4. Brühe im Schongarer und Topf immer mit Deckel kochen. Achten Sie aber beim Topf darauf, dass durch leichte Schrägstellung des Deckels Luft entweichen kann. Manche Köche lassen die Brühe während der letzten Stunde gerne ohne Deckel simmern.
5. Wenn Sie möchten, können Sie gelegentlich umrühren. Schöpfen Sie nach jedem Umrühren den Schaum von der Oberfläche ab.
6. Wenn sich (nach 6–8 Stunden) das Fleisch von dem Schenkelknochen gelöst hat und die Knochen aus den Rippenstücken gefallen sind, das Fleisch mithilfe eines Schlitzlöffels entfernen. Wer möchte, isst es oder verwendet es für ein anderes Gericht, zum Beispiel als Garnitur für Salat. Oder Sie geben es Ihrem Hund als Leckerbissen … ganz wie Sie möchten.
7. Nach 36 Stunden die Knochen herausnehmen und die Brühe durch ein Sieb in eine große Edelstahlschüssel oder einen anderen Topf gießen.
8. Die Brühe bei Zimmertemperatur abkühlen lassen und danach in den Kühlschrank stellen, damit sie über Nacht eindickt.

Optional: Wenn Sie mit den Knochen eine zweite Brühe kochen wollen, den Topf nicht ausspülen. Die Knochen einfach noch einmal hineinlegen, Wasser und Apfelessig hinzufügen, und dann kann es gleich wieder losgehen! Sie sollten allerdings einen neuen Rinderfuß dazugeben, um den Gelatinegehalt der neuen Brühe zu erhöhen.

Im ersten Schritt entsteht eine neutrale bis schwach aromatische Brühe, die sich für viele Gerichte verwenden lässt.

Anweisungen für Schritt 2 – Kräftige, aromatische Brühe:

In diesem Schritt erhalten Sie eine nährstoffreiche und kräftige Brühe für aromatische Suppen und Eintöpfe.

1. Die dickflüssige Brühe aus dem Kühlschrank nehmen und die Fettschicht entfernen. Das Fett für andere Speisen aufheben oder entsorgen (Tipps zur Verwendung des abgeschöpften Fetts siehe 2. Kapitel Seite 25).
2. Die Brühe in den Topf füllen. Ungeschälte Zwiebel, Knoblauch, Staudensellerie, Möhren, Knoblauchpulver, Selleriesalz und Lorbeerblätter dazugeben.
3. Alles bei starker Hitze kurz aufkochen, dann bei kleiner Hitze über Nacht simmern lassen oder bis das Gemüse sehr weich wird.
4. Die Brühe abkühlen lassen, danach durch ein feines Sieb in Einmachgläser gießen. Im Kühlschrank oder Tiefkühlfach aufbewahren. Das Gemüse entsorgen, es sei denn, Sie wollen es für ein anderes Rezept verwenden – es besitzt zwar kaum noch Geschmack und Nährwert, ist aber immer noch eine Quelle für Ballaststoffe.

KRÄFTIGE RINDERBRÜHE MIT AROMATISCHEN GEWÜRZEN

aromatisch

Dieses Rezept stammt von **Nick Brune,** Chefkoch des Restaurants *Local Habit* in San Diego und Betreiber einer Cateringfirma, wo man ganz auf hausgemachte Biogerichte setzt, für die ausschließlich frische Zutaten verwendet werden. Diese aromatische Brühe enthält köstliche Gewürze, die sich wohltuend auf die Gesundheit auswirken, die Verdauung anregen und für eine schöne Haut und einen gesunden Schlaf sorgen.

Nick, der aus Louisiana stammt, ist viel gereist, um zu sehen, wie man in anderen Ländern leckere Speisen zubereitet. Als er nach Kalifornien zog, faszinierte ihn, wie viel Wert hier auf ökologische Landwirtschaft und frisches, vitaminreiches Essen gelegt wird. Seinen Kochstil nennt er kalifornisch-kreolisch, weil er darin seine Liebe zum Kulturmix Louisianas mit der kalifornischen Lust an vitaminreicher Frische kombiniert. Und was er auf den Tisch zaubert, schmeckt einfach himmlisch!

Vorbereitung: 30 Minuten
Zubereitung insgesamt: bis 8 Stunden
Menge: ergibt 3–4 Liter Brühe

2,5 kg Rinderknochen mit Fleisch (z. B. Knöchel und Ochsenschwanz)
360 g Schalotten
1 Knoblauchzehe
8 Pimentkörner
2 Kapseln Kardamom
¼ Tasse Koriandersamen
½ Tasse Fischsauce
½ Tasse weizenfreie Tamari oder Coconut Aminos (Wenn Sie weder die japanische Sojasauce Tamari noch die sojafreie Würzsauce Coconut Aminos vertragen oder im Laden bekommen, verwenden Sie stattdessen ½ Tasse Apfelessig und 1 EL schwarze Melasse.)

1. Den Backofen auf 190 °C vorheizen. Die Knochen auf ein Backblech legen und im Ofen 45 Minuten rösten, bis sie schön braun sind.
2. Schalotten und Knoblauch ungeschält auf Backpapier legen und im heißen Ofen bei 190 °C 15 Minuten backen. Den Knoblauch herausnehmen und die Schalotten weitere 10–15 Minuten backen. Herausnehmen, wenn die Schalotten weich sind.
3. Knoblauch und Schalotten schälen. Die Schalen wegwerfen oder für eine Brühe aufheben. Knoblauch und Schalotten in einen großen Topf oder Schongarer geben.
4. Pimentkörner, Kardamom und Koriandersamen in einer trockenen Pfanne so lange rösten, bis sie zu duften beginnen. Die gerösteten Gewürze zu den Schalotten und dem Knoblauch geben.
5. Die gerösteten Knochen ebenfalls in den Topf geben, dann so viel Wasser einfüllen, dass die Knochen und anderen Zutaten etwa 5 cm hoch bedeckt sind. Fischsauce und entweder Tamari, Coconut Aminos oder die Mischung aus Apfelessig und Melasse dazugeben.
6. Alles bei kleiner Hitze 4–6 Stunden simmern lassen, dabei alle 20–30 Minuten den Schaum abschöpfen. (Sie können mit dem Abschöpfen auch bis zum Ende der Garzeit warten.)
7. Brühe im Schongarer und Topf immer mit Deckel kochen. Achten Sie aber beim Topf darauf, dass durch leichte Schrägstellung des Deckels Luft entweichen kann. Manche Köche lassen die Brühe während der letzten Stunde gerne ohne Deckel simmern.
8. Die Brühe vom Herd nehmen und 1 Stunde bei Zimmertemperatur stehen lassen.
9. Danach die Brühe durch ein mit einem Passiertuch ausgelegtes feines Küchensieb gießen und 3 Tage in den Kühlschrank stellen. Wenn Sie den Schaum nicht abgeschöpft haben, lässt sich die Fettschicht entfernen, wenn die Brühe abgekühlt ist. (Auch wenn Sie vorher den Schaum abgeschöpft haben, kann sich immer noch eine dünne Fettschicht absetzen.) Tiefgekühlt hält sich die Brühe etwa 2 Monate.

BRÜHE VON HUHN UND SCHWEIN

aromatisch

Dieses Rezept stammt ebenfalls von Nick Brune. Die Brühe ist sehr aromatisch und eignet sich hervorragend als Grundlage für Suppen, Eintöpfe und andere Gerichte. Aber man kann sie auch wunderbar pur genießen oder zum Beispiel mit Ei. Lassen Sie Ihrer Kreativität freien Lauf!

Vorbereitung: 45 Minuten
Zubereitung insgesamt: 19 Stunden
Menge: ergibt etwa 4 Liter Brühe

2,5 kg Schweineknochen
1–2 Hühnerrücken (je nach Größe des Topfs)
1 große Zwiebel
1½ EL Korianderkörner
1 Knoblauchzehe
6 Pimentkörner
2 Lorbeerblätter
¼ Tasse Bragg Liquid Aminos (Wer diese Art Sojasauce nicht bekommt oder verträgt, nimmt stattdessen Apfelessig.)
½ Tasse Bonitoflocken
Meersalz

1. Den Backofen auf 200 °C vorheizen.
2. Schweineknochen und Hühnerrücken auf zwei Backbleche verteilen und im Ofen etwa 30 Minuten rösten, bis sie schön braun sind. Bei den Schweineknochen kann es etwas länger dauern.
3. Die Knochen aus dem Backofen nehmen. Das Fett, das sich auf den Backblechen abgesetzt hat, aufheben und für andere Gerichte verwenden. Die gerösteten Knochen in einen großen Topf mit Deckel legen. Dann so viel kaltes Wasser dazugießen, bis die Knochen gerade bedeckt sind. (Man kann diese Brühe aber auch gut im Schongarer zubereiten.)
4. Alles bei mittlerer Hitze erwärmen, bis die Brühe schwach simmert.

5. Dann den Deckel auflegen und bei kleiner Hitze etwa 12 Stunden simmern lassen. Den Deckel so auflegen, dass ein etwa 2 cm großer Spalt bleibt, damit die Luft entweichen kann.
6. Wenn sich nach einigen Stunden die Flüssigkeitsmenge verringert hat und die Knochen herausragen, Wasser nachfüllen, bis sie wieder bedeckt sind.
7. Brühe im Schongarer und Topf immer mit Deckel kochen. Achten Sie aber beim Topf darauf, dass durch leichte Schrägstellung des Deckels Luft entweichen kann. Manche Köche lassen die Brühe während der letzten Stunde gerne ohne Deckel simmern.
8. Nach 12 Stunden die Zwiebel vorbereiten: Den Backofen auf 180 °C vorheizen. Die Zwiebel ungeschält halbieren, die Hälften mit der Schnittfläche auf ein tiefes Backblech legen und im Ofen 30 Minuten rösten. Aus dem Backofen nehmen und abkühlen lassen, dann schälen.
9. Während die Zwiebeln im Backofen sind, die Korianderkörner in einer trockenen Pfanne bei kleiner Hitze 2–3 Minuten rösten, bis sie zu duften beginnen.
10. Knoblauch schälen und halbieren. Zwiebelhälften, Knoblauch, Piment, Koriander, Lorbeerblätter, Bragg Liquid Aminos (oder Apfelessig) und Bonitoflocken in die Brühe geben. Wenn nötig, Wasser nachfüllen, damit die Knochen weiterhin bedeckt sind.
11. Alles offen weitere 6 Stunden simmern lassen. Anschließend die Brühe mit Meersalz abschmecken.
12. Den Topf vom Herd nehmen und die Brühe 1 Stunde abkühlen lassen.
13. Danach die Brühe durch ein mit einem Passiertuch ausgelegtes feines Küchensieb in eine große Schüssel gießen und auf Zimmertemperatur abkühlen lassen. Dann in den Kühlschrank stellen. Im Kühlschrank hält sich die Brühe bis 3 Tage. Tiefgekühlt hält sie sich bis 2 Monate.

HEILKRÄFTIGER GEMÜSE-ZAUBERTRANK

vegan, mild aromatisch

Die medial begabte Rhonda Lenair hat dieses Rezept kreiert. Da es sich um eine vegane Brühe handelt, enthält sie keine Gelatine. Man kann sie pur trinken oder für alle Rezepte mit Brühe als Zutat verwenden. Wir haben dieses Rezept ausgewählt, weil es sich für jene eignet, die Fleischbrühe oder Knochen-Kraftbrühe noch nicht vertragen. Oder für diejenigen, die regelmäßig auf sanfte Weise eine Reinigung und Entgiftung vornehmen möchten. Diese Brühe ist nämlich ganz besonders mild und übrigens eine gute Alternative zu Smoothies aus grünem Pulver.

Vorbereitung: 20 Minuten
Zubereitung insgesamt: 80 Minuten
Menge: ergibt 3–4 Liter Brühe

Kombinieren Sie das Gemüse so, wie es verfügbar ist. Sie müssen nicht alle auf einmal nehmen. Der Topf sollte zu einem Drittel oder bis zur Hälfte damit gefüllt sein.

Grünkohl
Blumenkohl
etwas aus der Zwiebelfamilie: Lauch, Schalotten oder Zwiebeln
Möhren
10–20 Knoblauchzehen, ungeschält und halbiert
1–2 Rote Beten, ganz oder halbiert
¼ Tasse frischer Ingwer, in große Stücke geschnitten
½ Kopf Rotkohl
rote oder süße Zwiebeln, nach Belieben gehackt
3–6 Tassen Petersilie und/oder Korianderblätter oder frisches Basilikum, fein gehackt
Brunnenkresse (Nur bei jedem dritten Mal verwenden, sie wirkt harntreibend und sollte nicht jedes Mal in die Brühe gegeben werden.)
Löwenzahnblätter
Mangoldblätter, geschnitten (Sie liefern Elektrolyte.)
Optional: gehackte Avocado (Nur verwenden, wenn keine Empfindlichkeit gegenüber Nachtschattengewächsen besteht. Avocado wirkt krebshemmend, weshalb sie durchaus hilfreich sein kann.)
Optional: 1 Stück Kombu-Seetang (ca. 2,5 cm)

Nehmen Sie von den verfügbaren Gemüsesorten so viel, wie es gerade passt – hier kommt es nicht auf exakte Mengen an! Auch wie Sie das Gemüse schneiden, bleibt Ihnen überlassen. Denn bei diesem Rezept geht es ausschließlich um die Brühe. Das Gemüse wird nach dem Kochen entsorgt.

1. Die Gemüsemischung in einen 6-Liter-Suppentopf geben, dann so viel Wasser dazugießen, bis das Gemüse bedeckt ist.
2. Alles bei starker Hitze aufkochen, dann abgedeckt bei mittlerer oder kleiner Hitze 1 Stunde simmern lassen.
3. Danach die Brühe durch ein feines Küchensieb in eine Glasschüssel oder in Einmachgläser gießen.
4. Das Gemüse in den Kompost geben. Nach dem einstündigen Simmern befinden sich alle Nährstoffe in der Brühe, nur die Pflanzenfasern sind noch übrig. Manche Menschen werfen die Reste nicht gerne weg und fragen uns, ob sie das Gemüse nicht essen können. Das können Sie selbstverständlich, allerdings schmeckt es wahrscheinlich nicht besonders gut.

Serviervorschläge:

- Die Brühe als Energiespender am Morgen oder Nachmittag trinken.
- Die Brühe als Grundlage für eine Suppe verwenden. Dazu die Brühe erwärmen und folgende Zutaten dazugeben:
  - Blattgemüse (Grünkohl, Blattkohl, Pak Choi, Mangold, Löwenzahnblätter, ein paar Basilikumblätter und so weiter)
  - Lieblingsgewürze (z. B. Meersalz, Pfeffer, Thymian, Rosmarin oder Kurkuma). Mit 1 Messerspitze beginnen, dann kosten und bei Bedarf mehr hinzufügen.
- Die Suppe in Schalen mit etwas geröstetem Sesamöl beträufelt servieren.

LAMMBRÜHE

mild aromatisch

Diese mild aromatische Brühe von der Price-Pottenger Ernährungsstiftung kann man sehr gut pur genießen oder als Grundlage für Suppen, Saucen und Eintöpfe verwenden.

Vorbereitung: 30 Minuten
Zubereitung insgesamt: 4½–8½Stunden
Menge: ergibt 3–4 Liter Brühe

ca. 1 kg Lammrippchen
2 EL Essig oder frisch gepresster Zitronensaft
1 Zwiebel, grob gehackt
einige Zweige Thymian, zusammengebunden
1 TL Pfefferkörner

1. Den Backofen auf 180 °C vorheizen.
2. Die Lammrippchen in ein tiefes Edelstahlblech legen und im Ofen 20–30 Minuten backen, bis sie schön braun sind.
3. Die Rippchen herausnehmen und in einen Topf geben. Mit gefiltertem Wasser auffüllen, bis sie gerade bedeckt sind. Heißes Wasser auf das Backblech gießen und umrühren, um das Fett abzulösen. Dieses Fett ist eine tolle Geschmacksquelle!
4. Das Fett ebenfalls in den Topf geben. Alles aufkochen und den Schaum (Fett) von der Oberfläche abschöpfen.
5. Restliche Zutaten dazugeben und alles bei kleiner Hitze 4–8 Stunden simmern lassen.
6. Wenn sich nach einigen Stunden die Flüssigkeitsmenge verringert hat und die Knochen herausragen, Wasser nachfüllen, bis sie wieder bedeckt sind.
7. Brühe im Schongarer und Topf immer mit Deckel kochen. Achten Sie aber beim Topf darauf, dass durch leichte Schrägstellung des Deckels Luft entweichen kann. Manche Köche lassen die Brühe während der letzten Stunde gerne ohne Deckel simmern.
8. Die Brühe durch ein Sieb in eine Schüssel oder in Einmachgläser gießen und abkühlen lassen. Wer möchte, kann das Fleisch für Salate oder Eintöpfe verwenden.

HUHN, FASAN ODER TRUTHAHN – FLEISCH- ODER KNOCHENBRÜHE

aromatisch

Dieses Rezept verdanken wir der Ernährungsexpertin Kim Schuette. Man kann die Brühe pur genießen oder damit köstliche Geflügelsuppen und Eintöpfe zubereiten.

Vorbereitung: 30 Minuten
Zubereitung insgesamt: 3–25½Stunden
Menge: ergibt 3–4 Liter Brühe

1 Huhn, Fasan oder Truthahn
2–4 Hühner-, Fasanen- oder Truthahnfüße *(optional)*
1–2 Hühner-, Fasanen- oder Truthahnköpfe *(optional)*
2 EL Apfelessig
Gemüseauswahl nach Geschmack (dabei kohlenhydratreiches Gemüse wie Kohlrabi, Winterkürbis, Kartoffeln, Süßkartoffeln und Yams vermeiden):
1–2 mittelgroße Zwiebeln
2–4 Möhren
1 Bouquet garni (auch Kräutersträußchen genannt, frische Kräuter mit Küchengarn zusammenbinden und mitkochen):
- 2 frische Lorbeerblätter
- je 3 Zweige Thymian, Rosmarin und Salbei
- Wenn keine frischen Kräuter zur Hand sind, getrocknete nehmen. Dafür 1 Lorbeerblatt und 1–2 TL von jedem der getrockneten Kräuter in ein kleines Passiertuch legen. Das Tuch mit Küchengarn zu einem Beutel verschnüren.

3 Stängel Petersilie (oder 1 EL getrocknete Petersilie)
Optionale Zutaten für mehr Vielfalt:
Knoblauch
frischer Ingwer
Zitronenschale
2–3 Stangen Staudensellerie, in Scheiben geschnitten (kann man weglassen, wenn es aus Diätgründen nötig ist)
1–2 TL Meersalz

Anleitung für Fleischbrühe:

1. Huhn, Fasan oder Truthahn, Füße und Köpfe mit Wasser abspülen. Huhn, Fasan oder Truthahn längs in zwei Hälften schneiden. Alles in einen Topf oder Schongarer legen.
2. Die übrigen Zutaten hinzufügen, außer Petersilie und Meersalz. Dann gefiltertes Wasser einfüllen.
3. Alles 1 Stunde ziehen lassen. Danach aufkochen und bei kleiner Hitze 1½–2 Stunden simmern lassen.
4. In den letzten 10 Minuten der Garzeit die Petersilie und das Meersalz hinzufügen.
5. Alle großen Teile herausnehmen. Das Fleisch von den Knochen lösen und essen – es schmeckt köstlich und ist zart!
6. Die Brühe durch ein feines Küchensieb in eine große Schüssel gießen oder in Einmachgläser abfüllen.

Anleitung für Knochen-Kraftbrühe:

1. Wenn die Brühe 1½–2 Stunden gesimmert hat, die fleischigen Knochen mit einer großen Gabel oder Zange herausnehmen. Das Fleisch von den Knochen lösen und essen oder für eine andere Mahlzeit verwenden. Die Knochen wieder in den Topf legen. Wenn nötig, so viel Wasser nachfüllen, dass die Knochen bedeckt sind, dann weitere 25 Stunden simmern lassen.
2. Wenn sich nach einigen Stunden die Flüssigkeitsmenge verringert hat und die Knochen herausragen, Wasser nachfüllen, bis sie wieder bedeckt sind.
3. Brühe im Schongarer und Topf immer mit Deckel kochen. Achten Sie aber beim Topf darauf, dass durch leichte Schrägstellung des Deckels Luft entweichen kann. Manche Köche lassen die Brühe während der letzten Stunde gerne ohne Deckel simmern.
4. In den letzten 10 Minuten der Garzeit die Petersilie und das Meersalz hinzufügen.

RIND ODER LAMM – FLEISCH- ODER KNOCHENBRÜHE

mild aromatisch

Auch dieses Brühenrezept stammt von **Kim Schuette.** Die Kräuter, Gewürze und Gemüse sorgen für aromatische Akzente und liefern viele gesunde Nährstoffe. Die Brühe ist als Grundlage für Suppen, Eintöpfe und andere Gerichte ideal.

Vorbereitung: 45 Minuten
Zubereitung insgesamt: 3½–48½ Stunden
Menge: ergibt 3–4 Liter Brühe

2–2,5 kg Markknochen und Knöchel
1,5 kg fleischige Rippen oder Halsknochen
1 Kalbs- oder Rinderfuß, wenn erhältlich, in Stücke geschnitten (optional)
2 TL keltisches Meersalz (Celtic Sea Salt)
½ Tasse Apfelessig
Gemüse nach Geschmack (dabei kohlenhydratreiches Gemüse wie Kohlrabi, Winterkürbis, Kartoffeln, Süßkartoffeln und Yams vermeiden):
1–2 mittelgroße Zwiebeln
2–4 Möhren
1 TL schwarze Pfefferkörner
1 Bouquet garni (auch Kräutersträußchen genannt, frische Kräuter mit Küchengarn zusammenbinden und mitkochen):
2 frische Lorbeerblätter
je 3 Zweige Thymian, Rosmarin und Salbei
Wenn keine frischen Kräuter zur Hand sind, getrocknete nehmen. Dafür 1 Lorbeerblatt und 1–2 TL von jedem der getrockneten Kräuter in ein kleines Passiertuch legen. Das Tuch mit Küchengarn zu einem Beutel verschnüren.
3 Stängel Petersilie (oder 1 EL getrocknete Petersilie)

Optionale Zutaten für mehr Vielfalt:
Knoblauch
frischer Ingwer
Zitronenschale
2–3 Stangen Staudensellerie, in Scheiben geschnitten (kann man weglassen, wenn es aus Diätgründen nötig ist)

Anleitung für Fleischbrühe:

1. *Optionaler Schritt für intensiveren Geschmack:* Die fleischigen Knochen im Backofen bei 180 °C rösten, bis sie schön gebräunt sind.
2. Knochen, Fleisch und Knöchel in einen großen Topf oder Schongarer geben.
3. Die übrigen Zutaten hinzufügen, dann so viel gefiltertes Wasser einfüllen, dass Knochen und Gemüse gerade bedeckt sind.
4. Alles 1 Stunde ziehen lassen.
5. Danach alles aufkochen und bei kleiner Hitze 3–4 Stunden simmern lassen (wenn Sie Knochen-Kraftbrühe zubereiten wollen, überspringen Sie die nächsten drei Schritte und machen mit der Anleitung für Kraftbrühe weiter).
6. In den letzten 10 Minuten der Garzeit die Petersilie hinzufügen.
7. Die Brühe durch ein feines Küchensieb in Einmachgläser abfüllen.
8. Das Fleisch von den Knochen lösen und essen. Es schmeckt köstlich und ist zart!

Anleitung für Knochen-Kraftbrühe:

1. Wenn die Brühe 3–4 Stunden gesimmert hat, die fleischigen Knochen mit einer großen Gabel oder Zange herausnehmen. Das Fleisch von den Knochen lösen, sofort essen oder für eine andere Mahlzeit verwenden. Die Knochen wieder in den Topf legen. Wenn nötig, so viel Wasser nachfüllen, dass die Knochen bedeckt sind, dann alles weitere 36–48 Stunden simmern lassen.
2. Wenn sich nach einigen Stunden die Flüssigkeitsmenge verringert hat und die Knochen herausragen, dann Wasser nachfüllen, bis sie wieder bedeckt sind.
3. Brühe im Schongarer und Topf immer mit Deckel kochen. Achten Sie aber beim Topf darauf, dass durch leichte Schrägstellung des Deckels Luft entweichen kann. Manche Köche lassen die Brühe während der letzten Stunde gerne ohne Deckel simmern. In den letzten 10 Minuten der Garzeit die Petersilie hinzufügen.

FISCHBRÜHE

aromatisch

Auch dieses Rezept verdanken wir der wunderbaren Ernährungsberaterin Kim Schuette.

Louise: *Meine erste Fischbrühe erschien mir, ehrlich gesagt, als ziemliche Herausforderung. Ich ging zum Fischmarkt und fragte nach Gräten. Ich hatte keine Ahnung, was mich erwartete, und zu meiner Überraschung bot man mir ein Fischskelett an, das fast einen Meter lang war! Ich dachte: Louise, worauf hast du dich da eingelassen? Aber dann nahm ich kurz entschlossen das Paket und trug es nach Hause. Dort angekommen, starrte ich ratlos auf den Riesenfischrest. Er war viel zu groß für meinen Kochtopf! Was nun? Ich durchforstete meinen Schrank, fand einen Hammer und legte den Fisch in die Spüle. Mit ein paar kräftigen Schlägen gelang es mir, das Skelett so weit zu zerkleinern, dass die Knochen in den Topf passten. Nicht übel!, dachte ich. Vier Stunden später hatte ich die kräftigste, gelatinereichste Fischbrühe, die man sich nur wünschen kann! Ich war sehr stolz auf mich, denn ich hatte mich an etwas völlig Neues herangewagt. Falls Sie noch nie eine Fischbrühe zubereitet haben, empfehle ich Ihnen folgende Affirmation:* Das Leben liebt mich, und ich bin immer bereit, etwas Neues zu lernen. *Das funktioniert für mich, und ich weiß, es wird auch für Sie funktionieren!*

Vorbereitung: 30 Minuten
Zubereitung insgesamt: 2–4½ Stunden
Menge: ergibt 3–4 Liter Brühe

2 mittelgroße nicht-ölige Fische, zum Beispiel Scholle oder Seebarsch (alternativ nur die Gräten oder ein gesäubertes Fischskelett verwenden oder, um den Nährwert zu erhöhen, ein paar Fischköpfe dazugeben).

2 EL Apfelessig

Gemüse nach Geschmack (dabei kohlenhydratreiches Gemüse wie Kohlrabi, Winterkürbis, Kartoffeln, Süßkartoffeln und Yams vermeiden):

1–2 mittelgroße Zwiebeln

2–4 Möhren

1 Bouquet garni (auch Kräutersträußchen genannt, frische Kräuter mit Küchengarn zusammenbinden und mitkochen):
2 frische Lorbeerblätter
je 3 Zweige Thymian, Rosmarin und Salbei
Wenn keine frischen Kräuter zur Hand sind, getrocknete nehmen. Dafür 1 Lorbeerblatt und 1–2 TL von jedem der getrockneten Kräuter in ein kleines Passiertuch legen.
Das Tuch mit Küchengarn zu einem Beutel verschnüren.

3 Stängel Petersilie (oder 1 EL getrocknete Petersilie)
1–2 TL keltisches Meersalz (Celtic Sea Salt)
Optionale Zutaten für mehr Vielfalt:
Knoblauch
frischer Ingwer
Zitronenschale
2–3 Stangen Staudensellerie, in Scheiben geschnitten (kann man weggelassen, wenn es aus Diätgründen nötig ist)

Anleitung für eine Fischbrühe:

1. Den Fisch in Wasser waschen. Wenn Sie einen ganzen Fisch verwenden, das Fleisch von den Gräten lösen und für ein anderes Gericht verwenden.
2. Die Gräten und auch Flossen, Schwänze, Haut und Köpfe in einen Topf legen.
3. Die anderen Zutaten dazugeben, dann gefiltertes Wasser (maximal 4 Liter) einfüllen, bis die Fischteile gerade bedeckt sind.
4. Alles 1 Stunde ziehen lassen. Danach alles aufkochen und bei kleiner Hitze 1–1½ Stunden simmern lassen.
5. In den letzten 10 Minuten der Garzeit die Petersilie und das Salz hinzufügen.
6. Die Fischgraten und anderen großen Teile aus dem Topf nehmen.
7. Die Brühe durch ein Küchensieb in eine große Schüssel gießen.

Anleitung für eine Kraftbrühe aus Fischgräten:

1. Gehen Sie wie bei der ersten Methode vor, aber lassen Sie die Brühe 4 Stunden simmern.
2. Wenn sich nach einigen Stunden die Flüssigkeitsmenge verringert hat und die Gräten herausragen, Wasser nachfüllen, bis sie wieder bedeckt sind.
3. Brühe im Schongarer und Topf immer mit Deckel kochen. Achten Sie aber beim Topf darauf, dass durch leichte Schrägstellung des Deckels Luft entweichen kann. Manche Köche lassen die Brühe während der letzten Stunde gerne ohne Deckel simmern.

DASHI-FISCHBRÜHE

aromatisch

Dieses Rezept von **Robert Ruiz,** Chefkoch und Eigentümer des Restaurants *Land & Water Co.* in Carlsbad, Kalifornien, haben wir in die Sammlung aufgenommen, weil es so herrlich einfach zuzubereiten ist, auch wenn es sich nicht um eine Kraftbrühe im eigentlichen Sinne handelt. Robert kennt die Dashi-Brühe aus Hawaii und sagt, dass die Hawaiianer glauben, diese Brühe könne Krebs heilen. Man bereitet sie mit echtem Bonito zu, der getrocknet, fermentiert und geräuchert wurde. Der Kombu-Seetang ist sehr aromatisch und enthält viel Jod – gut für die Schilddrüse.

Vorbereitung: 15 Minuten
Zubereitung insgesamt: 2 Stunden
Menge: ergibt 3–4 Liter Brühe

1 Stück Kombu-Alge
2 Tassen Bonitoflocken (Katsuobushi)

1. 6 Tassen Wasser in einen Topf geben und die Kombu-Alge darin 30 Minuten einweichen.
2. Nach 30 Minuten das Wasser bei mittlerer Hitze zum Simmern bringen. Kurz bevor es zu kochen anfängt, die Kombu-Alge herausnehmen und das Wasser bei starker Hitze aufkochen, dann das Wasser 5 Minuten kochen lassen.
   Hinweis: Wenn Sie die Kombu-Alge in der Brühe lassen, kann die Alge schleimig und bitter werden. Deswegen wird die Alge entfernt, nachdem das Wasser die wertvollen Nährstoffe aus der Alge aufgenommen hat. Sie können die Kombu-Alge in den Kompost geben. Wer mag, kann dieses zähe Seegemüse essen.
3. Die Bonitoflocken ins kochende Wasser geben. Den Herd sofort ausschalten und den Topf 30 Minuten auf der ausgeschalteten Herdplatte stehen lassen.
4. Danach die Brühe durch ein Sieb in eine Schüssel oder in Einmachgläser füllen.
5. Die Dashi-Brühe ist eine gute Grundlage für Suppen, Saucen und Gemüsepfannen.

4. Kapitel

REZEPTE FÜR KÖRPER UND SEELE

In diesem Kapitel stellen wir Ihnen Rezepte für wohlschmeckende Brühen vor, mit denen Sie Ihrer Gesundheit Gutes tun können.

In der chinesischen Medizin gilt Brühe als wärmend und leicht verdaulich. Wenn Sie Brühe zubereiten, wandeln Sie die Essenz schwerverdaulicher Zutaten wie Knochen und Fleisch in eine flüssige Form um, die vom Körper sehr leicht aufgenommen werden kann. Brühe ist sehr heilkräftig.

Knochen enthalten außerdem *Jing*, das in der chinesischen Medizin als höchste Form körperlicher Energie angesehen wird. Als wichtigstes Ziel gilt es, »das Leben zu nähren«, was man dadurch erreicht, dass das Jing bewahrt und nicht vergeudet wird. Was die Ernährung angeht, nähren wir das Leben am besten, wenn wir die Gesetze der Verdauung beachten. Verdauung ist ein warmer Prozess, bei dem Materie in Energie umgewandelt wird. Bei der Kraftbrühe wurde die Arbeit der Verdauung bereits außerhalb des Körpers durch das Kochen erledigt.

Nachfolgend einige Ratschläge, welche Brühe zur jeweiligen Jahreszeit und zu bestimmten Gesundheitsbeschwerden passt:

Hühnerbrühe: Huhn ist leicht verdaulich und stärkt die Energie. Hühnerbrühe wirkt besonders gut gegen Erkältungen.

Rinder-, Schweine-, Lamm- und Ziegenbrühe: Diese Brühen sind ideal für den Spätherbst und frühen Winter. Im Winter essen wir oft schwere Speisen, um Energie zu speichern. In dieser Zeit ist unser Verdauungsfeuer stärker, was uns die Verdauung dieser Speisen erleichtert. Stellen Sie sich vor, dass Sie damit das Drüsensystem und den ganzen Körper stärken. Während des Winters bauen Sie Jing auf, um sich auf den Frühling vorzubereiten. Rinderbrühe wirkt das ganze Jahr über heilend, weil sie als neutral gilt.

REZEPTE FÜR WÜRZIGE HEILBRÜHEN

Für diese Rezepte können Sie jede Art von Fleisch- oder Kraftbrühe verwenden, oder unseren heilkräftigen Gemüse-Zaubertrank von Seite 53. Beachten Sie, dass neutrale Brühen sich am besten eignen. Bei der Auswahl der Gewürze für diese Rezepte haben wir mit dem Wissenschaftler und Akupunkteur Eyton Shalom zusammengearbeitet, der uns über die Eigenschaften der Gewürze aus Sicht der chinesischen und ayurvedischen Medizin beriet. Auch konsultierten wir unser bevorzugtes Gewürzbuch *Heilende Gewürze: 50 alltägliche und exotische Gewürze zur Gesunderhaltung und Heilung von Krankheiten* von Bharat B. Aggarwal.

Zubereitung:
5–20 Minuten, je nach Rezept

Menge:
Jedes Rezept ergibt 1 Tasse Brühe (240 ml)

1. 1 Tasse Brühe (so weit nicht anders angegeben) in einem Topf bei kleiner Hitze erwärmen. Wer mehr als 1 Tasse zubereiten möchte, muss die Gewürzmengen entsprechend erhöhen.
2. Kräuter und Gewürze und eventuell andere Zutaten dazugeben und alles 3–5 Minuten simmern lassen.
3. Die Brühe sofort genießen oder in eine Thermoskanne füllen und mitnehmen.
4. Man kann die Gewürze auch nach dem Simmern einrühren.
5. Bei manchen Rezepten gibt es andere Zubereitungsschritte, die dann jeweils angegeben sind.

Energie für den ganzen Tag

Kraftbrühe bei mittlerer Hitze erwärmen, bis sie simmert. 5 Safranfäden unterrühren und abgedeckt bei kleiner Hitze 15 Minuten köcheln lassen. Danach den Topf vom Herd nehmen und den Tee offen ein paar Minuten abkühlen lassen, dann abseihen und trinken.

Sodbrennen und Reflux

20 Kümmelsamen 3–5 Minuten in Kraftbrühe ziehen lassen (Sie können die Samen kauen oder abseihen und nur die Brühe trinken).

Gute Verdauung, Regulierung des Blutzuckerspiegels und Reduktion von Übergewicht

Option 1

½ TL Zimt, ½ Messerspitze Rotalge (gemahlen), ½ Messerspitze gemahlener Bockshornklee, ½ Messerspitze gemahlener Kardamom in Gemüse- oder Kraftbrühe geben.

Option 2

½ Messerspitze Fenchelsamen, ½ Messerspitze Bockshornklee, 1 Messerspitze Piment, ½ Messerspitze schwarzer Pfeffer und 1 Prise Meersalz in Kraftbrühe geben.

Blähungen und Reizdarm

1 TL Koriandersamen in einem trockenen Topf bei kleiner Hitze rösten, bis sie zu duften beginnen. Dann die Kraftbrühe und 1 Prise Asant (Asafoetida), ½ Messerspitze Tamarindenpaste, ½ Messerspitze Kurkumapulver und ½ Messerspitze gemahlenen Ingwer dazugeben.

Allergien und erhöhter Histaminwert (einschließlich nächtliches Hautjucken und andere Hautprobleme

Einer Fleischbrühe oder dem Heilkräftigen Gemüse-Zaubertrank ½ TL gemahlenen Kardamom und ½ TL gemahlenen Bockshornklee hinzufügen.

Entzündungshemmend und entgiftend

1 Messerspitze Knoblauchpulver, 1 TL Meersalz, 1 TL schwarze Pfefferkörner und ½ TL Paprikapulver in Gemüse- oder Kraftbrühe geben.

HEILKRÄFTIGE HÜHNERSUPPE

Bei diesem Rezept von **Eyton Shalom** handelt es sich um ein wahres Heil-Elixier! Wir wissen aus eigener Erfahrung und wissenschaftlichen Studien, dass Hühnersuppe überaus heilend wirkt. Als Eyton während seiner Ausbildung zum Akupunkteur an einer wandernden Pneumonie und geschwollenen Lymphknoten litt, half ihm dieses Rezept bei der Genesung.

Aus Sicht der chinesischen Medizin, so Eyton, wirkt diese Suppe besonders gut gegen Krankheiten, bei denen Schwellungen und starke Schleimbildung auftreten. Sie wirkt auch gut bei einer »Hitze-Krankheit«, die sich gemäß der chinesischen Medizin durch Symptome wie Fieber, chronische Nebenhöhlenentzündung, Kopfschmerzen, chronische Hautprobleme, Schwitzen oder Unruhe äußert.

Die Meeresalgen Kombu und Wakame wirken abschwellend, sollten aber weggelassen werden, wenn ein Patient Kältesymptome zeigt (Neigung zum Frieren, kalte Hände und Füße), eine schwache Verdauung hat, unter Durchfall oder chronischer Erschöpfung leidet.

Vorbereitung: 30 Minuten
Zubereitung insgesamt: 6½ Stunden
Menge: ergibt 8–10 Portionen

1 ganzes Huhn oder Hühnerteile (z. B. Hühnerbeine, Brust mit Haut)
6 Scheiben frische Astragalus-Wurzel (Huang Qi) oder 1 EL getrocknete und gemahlene Wurzel
7 Dangshen-Wurzeln (Codonopsis pilosula oder etwa 1 EL gemahlenes Dangshen)
1 EL getrocknetes, gemahlenes Dioscorea (Shan Yao)
1 Messerspitze gemahlene Schisandrabeeren
2 EL ganze Gojibeeren, mit einer Gewürzmühle gemahlen
2 TL getrocknete, gemahlene Schlangenbartwurzel (*Ophiopogonis Radix,* Mai Dong)
1 Stück Kombu (ca. 5 cm) (s. o. wann die Alge weggelassen werden soll)
¼ Tasse getrocknete Wakame (s. o. wann die Alge weggelassen werden soll)
1 EL getrocknete Taglilienknospen (oder frische Lilienknospen, unter fließendem Wasser abgespült, trocken getupft, Blütenblätter entfernt); nicht bei Durchfall verwenden!

10 ganze Koriandersamen (oder 2 TL gemahlener Koriander)
1 Birne, in kleine Stücke gehackt (nährt die Lunge)
2 TL Meersalz
schwarzer Pfeffer
Optional: Reis

1. Das ganze Huhn in Stücke zerteilen, mit kaltem Wasser abwaschen und mit Küchenpapier trocken tupfen.
2. Die Hühnerteile in einen großen Topf oder Schongarer legen. So viel kaltes Wasser einfüllen, bis die Knochen gerade bedeckt sind.
3. Alles bei starker Hitze aufkochen, dann bei kleiner Hitze 4–6 Stunden simmern lassen. So wird das Hühnerfleisch saftig und zart.
4. Danach alle anderen Zutaten hinzufügen, außer Koriandersamen und Birnenstücke. Getrocknete Lilienknospen erst 45 Minuten vor dem Ende der Garzeit hinzufügen. Zu diesem Zeitpunkt auch Koriander und Birnenstücke dazugeben.
5. *Optional:* Wenn Sie möchten, geben Sie in der letzten Stunde der Garzeit 1 Tasse ungekochten Reis dazu und bei Bedarf noch Wasser. Die Körner saugen das Wasser auf, was eine an Porridge erinnernde Konsistenz ergibt.
6. Die Brühe mit Meersalz und Pfeffer abschmecken.

Serviervorschläge:

* Wenn Sie nur die heilkräftige Brühe genießen wollen, trinken Sie die Flüssigkeit und verwenden das Huhn für eine andere Mahlzeit. Oder Sie essen die ganze Suppe so, wie sie ist.

HÜHNERSUPPE DONG QUAI

Ein weiteres Heilrezept von **Eyton Shalom:** Dong Quai und die Astragalus-Wurzel (Huang Qi) schützen den Körper vor Stress. Diese Kombination hilft besonders gut bei Anämie, chronischer Erschöpfung, Störungen des Hormonhaushalts und anderen unerwünschten Schwächezuständen.

Vorbereitung: 30 Minuten
Zubereitung insgesamt: 6½ Stunden
Menge: ergibt 8–10 Portionen

1 ganzes Huhn oder Hühnerteile (z. B. Hühnerbeine, Brust mit Haut)
1 EL getrocknete Dong-Quai-Wurzel (oder 2–4 frische Knollen); nicht in der Schwangerschaft, bei Durchfall oder Bauchschmerzen verwenden
1 EL getrocknete und gemahlene Astragalus-Wurzel (Huang Qi) (oder 6 Scheiben frische Wurzel)
1 Tasse frische oder 2 EL getrocknete Shiitake-Pilze
Meersalz und schwarzer Pfeffer nach Belieben
Optional: **Honig** nach Belieben
geröstetes Sesamöl nach Belieben
Frühlingszwiebeln, in dünne Ringe geschnitten, nach Belieben

CHINESISCHE KRÄUTER

Sämtliche in Eyton Shaloms Rezepten eingesetzten Kräuter besitzen wunderbare Heileigenschaften, die zur natürlichen Heileigenschaft der jeweiligen Knochenbrühe on top kommen.

Astralagus-Wurzel (Huang Qi). Das Kraut hilft dem Körper dabei, Stress besser zu bewältigen und bringt unser Immunsystem auf Trab. Es wird in der chinesischen Medizin als Stärkungs- und Vitalitätsmittel angewendet.

Dong Quai (Angelica sinensis). Dieses Kraut hilft bei Wechseljahresbeschwerden und dem prämenstruellen Syndrom (PMS), aber es bringt auch bei Männern den Hormonhaushalt ins Gleichgewicht.

Mai Men Dong (Schlangenbart-Wurzel). Die Wurzel wird in der chinesischen Medizin zur Bekämpfung von Entzündungen, zum Schutz vor bakteriellen Infektionen, bei Verstopfung und zur Stärkung des Magens eingesetzt.

1. Das ganze Huhn in Stücke zerteilen, mit kaltem Wasser abwaschen und mit Küchenpapier trocken tupfen.
2. Die Hühnerteile in einen großen Topf oder Schongarer legen. So viel kaltes Wasser auffüllen, bis die Knochen gerade bedeckt sind. Dong-Quai-, Astragalus-Wurzel und Shiitake-Pilze dazugeben.
3. Alles bei starker Hitze aufkochen, dann bei kleiner Hitze 4–6 Stunden simmern lassen. So wird das Hühnerfleisch saftig und zart.
4. Die Brühe mit Meersalz und Pfeffer abschmecken. Wenn Sie möchten, können Sie der Suppe mit etwas Honig eine süße Note verleihen, um den Geschmack der Heilkräuter auszugleichen.

Serviervorschlag:

* Die Suppe in Schalen füllen, nach Belieben mit etwas geröstetem Sesamöl beträufelt und mit Frühlingszwiebeln bestreut servieren.

LORBEERBRÜHE

Kraftbrühe und Lorbeerblätter sind sehr wohltuend für die Verdauung und die Gelenke. Dieses Rezept, für das Sie jede Kraft- oder Fleischbrühe verwenden können, ist eine Teezubereitung, die sehr gut bei Gelenkbeschwerden durch Arthritis oder Gicht hilft. Bei Verdauungsbeschwerden wirkt sie ebenfalls lindernd und wohltuend.

Beachten Sie aber, dass dieser Heiltee eine leicht reinigende und entgiftende Wirkung hat. Der Körper wird dazu angeregt, sich von überflüssigem Ballast zu befreien. Bei dieser inneren Reinigung können Symptome auftreten. Deshalb ist es empfehlenswert, zum Beispiel am Wochenende damit zu beginnen. Der Tee hilft dem Körper, Salze auszuscheiden, die sich in den Gelenken angesammelt haben. Wenn die Salze sich auflösen und ausgeschieden werden, kann es zu vermehrtem Harndrang kommen. Dennoch handelt es sich hierbei um eine sehr sanfte Reinigungskur.

Vorbereitung: 5 Minuten
Zubereitung insgesamt: 8–12 Stunden
Menge: ergibt 1 Portion

1 Tasse Hühnerbrühe (oder Heilkräftiger Gemüse-Zaubertrank Seite 53, Fleischbrühe, Gemüsebrühe)
1 EL getrocknete Lorbeerblätter, zerstoßen
Optional: **½ Messerspitze gemahlene Wacholderbeeren**

1. Die Hühnerbrühe in einen Topf füllen. Die zerstoßenen Lorbeerblätter und eventuell die gemahlenen Wacholderbeeren hinzufügen. Die Brühe aufkochen und 5 Minuten simmern lassen.
2. Die Brühe über Nacht in einer Thermoskanne ziehen lassen. Am Morgen abseihen, die Lorbeerblätter wegwerfen und die Flüssigkeit in eine Tasse gießen.

Am Abend vor dem 1. Tag:

Den Lorbeerbrühen-Tee zubereiten und über Nacht ziehen lassen.

* **1. Tag:**

  Den Tee langsam über den Tag verteilt trinken. Abends die Portion für den nächsten Tag zubereiten und über Nacht ziehen lassen.

* **2. Tag:**

  Den Tee langsam über den Tag verteilt trinken. Abends die Portion für den nächsten Tag zubereiten und über Nacht ziehen lassen.

* **3. Tag:**

  Den Tee langsam über den Tag verteilt trinken. (Keinen weiteren Tee zubereiten.)

* **4.–10. Tag:**

  Trinken Sie an diesen Tagen den Tee nicht.

* **Am Abend des 10. Tages:**

  Den Lorbeerbrühen-Tee wieder zubereiten und über Nacht ziehen lassen.

* **11.–13. Tag:**

  So vorgehen wie am 1.–3. Tag.

Wenn Sie mochten, können Sie nach einer Pause vom 14.–20. Tag den Prozess wiederholen.

REINIGENDE KORIANDERSUPPE

Für dieses Rezept eignet sich jede Brühe, auch eine vegane Gemüsebrühe. Die Suppe unterstützt wunderbar die innere Reinigung, zum Beispiel nach ein paar Tagen allzu üppigem Essen. Sie schmeckt vorzüglich und ist eine Wohltat für Magen und Darm!

Vorbereitung: 20 Minuten
Menge: ergibt 2–4 Portionen

1 EL Kokosöl (Ghee oder Butter)
1 EL Kräuter der Provence.
Wer keine Fertigmischung hat, nimmt:
2 TL getrockneter Thymian
1 TL getrockneter Majoran
½ TL getrockneter Rosmarin
½ TL gemahlener Fenchel
2 Tassen Lauch, in Scheiben geschnitten
3 Tassen Korianderblätter, gehackt
2 Tassen Brühe (auch vegane Gemüsebrühe; je aromatischer die Brühe ist, desto weniger Gewürze werden benötigt)
1 Möhre, in Scheiben geschnitten
2 Zucchini, in Scheiben geschnitten
1 TL Meersalz
schwarzer Pfeffer

1. Kokosöl in einem Stieltopf erwärmen, Kräuter der Provence und Lauch dazugeben und bei kleiner Hitze 2–3 Minuten dünsten.
2. Koriander hinzufügen und bei kleiner Hitze 2 Minuten mitdünsten, dann den Topf vom Herd nehmen.
3. Brühe und Möhren in einem Topf aufkochen, dann 5 Minuten simmern lassen, bis die Möhren weich sind. Zucchinischeiben dazugeben und alles noch 1 Minute simmern lassen.
4. Brühe, Zucchini und Möhren in den Topf mit Kokosöl, Lauch, Gewürzen und Koriander füllen. Alles mit einem Stabmixer oder in der Küchenmaschine

(mit S-Klinge) pürieren, bis das Gemüse schön glatt ist. Mit Meersalz und Pfeffer abschmecken und servieren.

5. *Zum Mitnehmen in der Thermoskanne:* Kokosöl und Gewürze in einem Topf andünsten, mit Brühe und Meersalz aufkochen. Inzwischen Möhren, Zucchini und Lauch in einer Küchenmaschine (mit S-Klinge) glatt pürieren. Das Gemüsepüree unter die Brühe rühren, die Brühe in eine Thermoskanne gießen und für unterwegs mitnehmen. Das Gemüse wird dann in der Thermoskanne gar. Vor dem Essen mit Meersalz und Pfeffer abschmecken.

Serviervorschläge:

* Für die innere Reinigung die Suppe einfach pur essen.
* Wenn Sie eine herzhafte Suppe wünschen, können Sie Fleisch, Eier oder gekochtes Getreide dazugeben.
* Servieren Sie die Suppe mit Sauerteig-Roggenbrot.

LIEBLINGS-EIERSUPPE

In fast allen Kulturen aß und isst man gerne Suppe mit Eiern. Sei es mit pochierten Eiern, hart gekochten Eiern oder mit Rührei – die Menschen lieben Eiersuppe! Das gilt auch für uns! Eine Brühe mit Ei ist eine leichte und zugleich sehr befriedigende Mahlzeit.

Kreieren Sie Ihre ganz persönliche Lieblings-Eiersuppe, denn für dieses Rezept können Sie jede neutrale oder aromatische Brühe verwenden.

Vorbereitung: 5–7 Minuten
Menge: ergibt 2 Portionen

1½ Tassen Brühe (aromatisch oder neutral)
4–6 Eier

Optionale Gewürze: Alle unten genannten Gewürze passen zusammen. Sie können also alle auf einmal verwenden oder nur einige kombinieren, ganz wie Sie wollen. Wenn Sie eine aromatische Brühe verwenden, probieren Sie zuerst, bevor Sie noch Gewürze hinzufügen. Manchmal ist kein zusätzliches Gewürz nötig, oder es genügen etwas Salz und gemahlener Pfeffer. Diese Gewürze eignen sich sehr gut für eine neutrale oder eine nur schwach aromatische Brühe, zum Beispiel Hühnerkraftbrühe:

1 TL getrockneter Thymian
½ TL Paprikapulver
½ TL schwarzer Pfeffer
1 TL Meersalz

1. Die Brühe und Gewürze in einen mittelgroßen Topf geben.
2. Die Brühe aufkochen, dann bei mittlerer Hitze ein paar Minuten simmern lassen.

3. Dann bei kleiner Hitze die Eier hinzufügen. Dieses Rezept ergibt 2 Portionen. Nehmen Sie also so viele Eier, wie Sie für 2 Portionen für angemessen halten.
4. Wie Sie die Eier zubereiten, können Sie selbst entscheiden. Sie können sie pochieren oder einfach so in die Suppe einrühren. Wenn Sie möchten, können Sie auch zuerst Rührei zubereiten und dieses dann in die Suppe geben. Wer mag, kann auch bereits hart gekochte Eierhälften aus dem Kühlschrank in die Suppe geben. Probieren Sie einfach verschiedene Varianten aus!
5. Zum Pochieren der Eier die Brühe bei kleiner Hitze simmern lassen. Die Eier vorsichtig aufschlagen, sodass das Eigelb unversehrt bleibt. Die Eier so lange in der Brühe simmern lassen, bis das Eiweiß gar ist und das Eigelb so ist, wie Sie es haben wollen (wir mögen es weich, aber nicht flüssig). Sie können es aber auch länger kochen, bis das Eigelb hart gekocht ist.
6. Für eine Eierflockensuppe die rohen Eier in die Suppe geben und dabei für ein paar Minuten rühren. Die Suppe ist fertig, wenn das Eiweiß milchig weiß wird.

Serviervorschläge:

* Die Eiersuppe in Suppenschalen servieren und genießen.
* Als Beilage eignet sich eingelegtes Gemüse sehr gut, zum Beispiel Sauerkraut.

HERZHAFTE HAMBURGER-SUPPE

Für dieses Rezept können Sie jede Art von Brühe verwenden, auch Gemüsebrühe. Die Suppe ist in wenigen Minuten zubereitet und eignet sich daher gut für eine schnelle Mahlzeit. Kurkuma verleiht der Suppe einen reichen, würzigen Geschmack, ohne übermäßige Schärfe. Sie wirkt wärmend im Herbst und Winter sowie im beginnenden Frühling.

Wenn Sie sich erschöpft fühlen oder Ihr Blutzuckerspiegel zu niedrig ist, spendet Ihnen die Suppe neue Energie. Sie gibt Ihnen ein Gefühl gut geerdeter Befriedigung und neue Kraft.

Vorbereitung: 5 Minuten
Menge: ergibt 2–4 Portionen

2 EL Kokosöl (Ghee oder Butter)
2 TL Kurkumapulver
2 TL schwarzer Pfeffer
3 Tassen Knochen-Kraftbrühe, Fleischbrühe oder Gemüsebrühe (alternativ 2 Tassen Brühe und 1 Tasse Wasser)
2 TL Meersalz
250 g Rinderhackfleisch (oder Hackfleisch von Schwein, Lamm oder Geflügel)
Optional: **1 Tasse klein gehackter Pak Choi** (oder gelber Sommerkürbis und Zucchini, beides in dünne Scheiben geschnitten)

1. Kokosöl in einem Topf bei kleiner Hitze erwärmen.
2. Die Gewürze hinzufügen, bis auf das Meersalz. Die Gewürze im Kokosöl 2 Minuten erwärmen, bis sie zu duften beginnen.
3. Dann die Brühe und das Meersalz dazugeben und 1 Minute simmern lassen.
4. Das Hackfleisch in kleinen Bröckchen in die Brühe geben. Nach Belieben noch zusätzlich das gehackte oder geschnittene Gemüse in den Topf geben. Dann die Brühe mit dem Fleisch (und dem Gemüse) mindestens 3 Minuten simmern lassen, bis das Fleisch die Farbe ändert und gar ist. In der Brühe werden Hackfleisch, Pak Choi und gelber Kürbis sehr schnell gar.

5. Zum Mitnehmen für unterwegs die Brühe aufkochen. Anschließend den Herd ausschalten. Das Hackfleisch in kleinen Bröckchen und nach Belieben das Gemüse hinzufügen. Dann die Brühe in eine Thermoskanne füllen und die Kanne verschließen. Fleisch und Gemüse werden in der Brühe gar und sind fertig, wenn Sie später die Suppe essen möchten.
6. Probieren Sie die Brühe. Wenn Sie sich viel Kraft und Energie zuführen möchten, ist die unverdünnte, kräftige Brühe genau richtig. Wenn Sie aber ein leichteres Gefühl wünschen, verdünnen Sie die Suppe ein wenig. Beginnen Sie mit ¼ Tasse Wasser und probieren Sie. Wie schmeckt es? Möchten Sie die Suppe noch leichter? Fügen Sie noch ¼ Tasse Wasser hinzu und probieren Sie wieder. Machen Sie das so lange, bis die Suppe sich für Ihren Geschmackssinn und Körper richtig anfühlt.
7. Bei Bedarf können Sie auch mehr Salz und Pfeffer nehmen.

Serviervorschläge:

* Einfach als Suppe servieren. Oder einen Hamburger auf ein Bett aus fein gehacktem Salat und eingelegtem Gemüse legen und mit der Suppe übergießen.
* Zu dieser Suppe passt getreidefreies Kräuterbrot sehr gut.

LOUISES HEILENDE SPARGELSUPPE

Für dieses Rezept eignet sich jede Brühe mit Fleisch oder Geflügel oder der Heilkräftige Gemüse-Zaubertrank von Seite 53. Die Suppe schmeckt nicht nur köstlich, sie ist außerdem sehr gesund! Sie glänzt mit entzündungs- und krebshemmenden Eigenschaften, regt den Stoffwechsel an und fördert eine gesunde Verdauung.

Louise machte dieses Rezept nach ihrer Krebsdiagnose zum festen Bestandteil ihrer Heildiät – mit ausgezeichneten Resultaten: Gesunde Gedanken und eine gesunde Ernährung bewirkten, dass der Krebs auf natürliche Weise aufgelöst wurde!

Louise: *Als bei mir vor vielen Jahren Krebs diagnostiziert wurde, empfahl mir mein Ernährungsberater, dreimal täglich 60 Milliliter pürierten Spargel zu essen. Ich füllte die Spargelportionen in kleine Filmdosen, um sie überallhin mitnehmen zu können, denn damals gab es keine anderen geeigneten Behälter in dieser Größe. Spargel liebe ich bis heute und esse ihn mehrmals in der Woche. Mit dieser Suppe können Sie die Heilkraft des Spargels wunderbar in Ihre Ernährung integrieren, ergänzt durch einige heilkräftige Gewürze.*

Vorbereitung: 5–10 Minuten
Menge: ergibt 4 Tassen

2 EL Butter (Ghee oder Kokosöl)
1 TL schwarzer Pfeffer
2 TL Kurkumapulver
½ TL gemahlene Kreuzkümmelsamen
1 Knoblauchzehe, gehackt
3 Tassen Knochenbrühe, Fleischbrühe oder Heilkräftiger Gemüse-Zaubertrank
2 Tassen Spargel, in Stücke geschnitten
1 TL Meersalz

1. Butter in einem 3-Liter-Topf bei kleiner Hitze erwärmen. Pfeffer, Kurkumapulver und Kreuzkümmel dazugeben und bei kleiner Hitze 2 Minuten erwärmen, um das Aroma und die Heilkräfte der Gewürze freizusetzen. Den Knoblauch hinzufügen und 2 Minuten mit erwärmen.

2. Die Brühe in einen Topf gießen und aufkochen. Den Spargel hinzufügen und bei kleiner Hitze mindestens 5 Minuten simmern lassen, bis der Spargel weich ist.
3. Das Meersalz dazugeben und die Suppe mit einem Stabmixer, in einer Küchenmaschine oder im Mixer pürieren, bis die Suppe schön glatt und cremig ist. Sie können den Spargel auch mit einem Kartoffelstampfer zerdrücken und mit der Suppe vermischen.
4. Die Suppe in Suppenschalen servieren. Reichen Sie dazu Meersalz, Pfeffer, Butter, Sesamöl oder Avocadoscheiben, damit jeder seine Suppe nach Belieben selbst abschmecken kann.

HEILENDE GEWÜRZE

Die meisten der häufig in unseren Rezepten vorkommenden Gewürze lassen sich gut miteinander kombinieren und alle haben heilende Eigenschaften.

Ingwer. Ein entzündungshemmendes Gewürz, das gegen Arthritis, Übelkeit und Migräne helfen kann. Und es wirkt sehr wohltuend auf die Verdauung ein.

Kardamom. Hilft gegen Asthma, Verstopfung, Mundgeruch und Reizmagen, senkt außerdem den Blutdruck und den Histaminspiegel.

Koriander. Reguliert die Verdauung, lindert Blähungen, senkt Cholesterinwerte und Blutdruck. Er hilft bei Hautproblemen (zum Beispiel Ekzem) und Scheidenpilzinfektionen.

Kreuzkümmel. Stärkt die Knochen und ist ein bei Krebs, Epilepsie und Typ-2-Diabetes heilend einwirkendes Gewürz.

Kurkuma. Hilft sehr gut gegen Arthritis, Schwellungen oder Entzündungen während der Menstruation sowie bei Autoimmunkrankheiten. Das Gewürz ist gut für die Haut und ein natürliches Antifaltenmittel.

Paprika. Unterstützt die Verdauung, stärkt Herz und Kreislauf, wirkt antibakteriell und entzündungshemmend und enthält die Vitamine A, E, K und C.

Piment. Hilft gegen Wechseljahresbeschwerden und zu hohen Blutdruck. Das sehr aromatische Gewürz enthält über 24 heilkräftige Bestandteile.

MAORI PUHA

Dieses Rezept stammt von Nick Polizzi, Autor des Buches *The Sacred Cookbook: Forgotten Healing Recipes of the Ancients*. Sie benötigen dafür keine Brühe als Grundlage, weil das Kochen einer Hühnerbrühe Bestandteil der Zubereitung ist.

Vor Jahrhunderten kamen die Maori aus Polynesien nach Neuseeland. Dort entwickelten sie, isoliert von anderen Einflüssen, ihre einzigartige Kultur. Die Maori waren nicht nur Jäger und Sammler, sondern legten auch große Gemeinschaftsgärten an, in denen sie zahlreiche Gemüsesorten anbauten, unter anderem Süßkartoffeln und Taro-Knollen. Ehe die europäischen Siedler ihnen eine andere Lebensweise aufzwangen, kannten die Maori keinen Privatbesitz. Vielmehr beruhte ihre spirituelle Philosophie auf der Verantwortung, die Erde zum Wohle aller zu schützen.

Zwar sorgten ein stetiger Einwandererstrom und jahrzehntelange Konflikte im 19. Jahrhundert für einen starken Rückgang der Maori-Bevölkerung, doch in jüngster Zeit erfährt die traditionelle Kultur der Maori eine Wiederbelebung. Ihre Lebensweise und Kochkunst stößt auf großes Interesse.

Die traditionelle Methode der Maori zur Zubereitung von Eintöpfen hat sich im Lauf der Jahre kaum verändert. Gemüse wie Süßkartoffeln, Spinat und Brunnenkresse werden dafür in Fleisch- oder Gemüsebrühe gekocht.

Vorbereitung: 1 Stunde
Zubereitung insgesamt: 3 Stunden

- 1 ganzes Huhn aus Freilandhaltung
- 2 EL Meersalz
- 1 Bund Puha (alternativ Brunnenkresse)
- 1 Bund Lauch, in ca. 1 cm dicke Stücke geschnitten
- 1 Süßkartoffel, geschält und gewürfelt
- ½ weiße Zwiebel, geschält und gehackt
- 6 Tomaten, gehackt
- 1 kleiner Kürbis, entkernt, geschält und gewürfelt
- 3 Frühlingszwiebeln, in dünne Ringe geschnitten

1. Das Huhn unter fließendem Wasser abspülen und mit knapp 2 l Wasser und Meersalz in einen Kochtopf geben. Alles aufkochen und bei kleiner Hitze etwa 1 Stunde simmern lassen, bis sich das Fleisch von den Knochen löst.
2. Puha (oder Brunnenkresse) in kaltem Wasser 5 Minuten ziehen lassen. Dann in einer Salatschleuder trocken schleudern oder mit Küchenpapier trocken tupfen. Mit dem Lauch genauso verfahren.
3. Das Huhn aus dem Topf nehmen und abkühlen lassen. Süßkartoffel, weiße Zwiebel, Tomaten, Kürbis und Lauch in die Hühnerbrühe geben und 15 Minuten simmern lassen.
4. Das Hühnerfleisch von Haut und Knochen befreien (die Knochen für eine Knochen-Kraftbrühe aufheben). Das Fleisch in große Stücke zerteilen und mit den Frühlingszwiebeln wieder in die Brühe geben und alles weitere 15 Minuten simmern lassen.
5. Puha (oder Brunnenkresse) hinzufügen und die Suppe in Suppenschalen servieren.

Serviervorschlag:

* Rühren Sie in jede Portion einen Löffel Quinoa oder Wildreis (gegart) ein. Beides passt sehr gut zu dieser Suppe.

TOM-YUM-SUPPE

Dieses Rezept verdanken wir ebenfalls **Nick Polizzi.** Verwenden Sie dafür Hühnerbrühe oder Gemüsebrühe. Sie können aber auch jede andere neutrale Kraftbrühe nehmen.

Die in Thailand besonders beliebte Tom-Yum-Suppe ist eine wahre »Wundersuppe«, was auf eine besonders gesunde Kombination von Kräutern und Gewürzen zurückzuführen ist. Jüngste wissenschaftliche Studien zu diesem traditionellen asiatischen Gericht verblüfften die Experten: Offenbar vermag diese Suppe hundertmal stärker als jede andere Speise das Wachstum von Tumoren zu hemmen! Auch stärkt sie das Immunsystem und ist ein wirksames natürliches Heilmittel gegen Grippe- und Schnupfenviren.

Vor allem aber schmeckt sie köstlich und ist die perfekte Suppe für einen ungemütlichen und sehr kalten Wintertag!

Vorbereitung: etwa 50 Minuten
Menge: ergibt 2 Portionen

3–4 Tassen Hühner- oder Gemüsebrühe
1 Stängel Zitronengras, fein gehackt (nur das untere Drittel des Stängels verwenden, den Rest wegwerfen)
3 Knoblauchzehen, fein gehackt
½ TL rote Chilipaste (je nach Geschmack)
Saft von ½ Limette
½ Tasse frische Shiitake-Pilze, in dünne Scheiben geschnitten
12–15 Riesengarnelen, geschält und entdarmt (Schalen einfrieren und für die nächste Fischbrühe verwenden)
1 grüne Paprikaschote, in Streifen geschnitten
1 rote Paprikaschote, in Streifen geschnitten
½ Tasse Tomaten, geviertelt
½ Dose Kokosmilch (oder ½ Tasse Wasser und 1½ EL Kokosbutter im Mixer gründlich mixen)
2 EL Fischsauce
1 EL Meersalz
1 TL Honig
½ Tasse frische Korianderblätter (oder 2 EL gemahlener Koriander)

1. Die Brühe in einen Topf gießen und bei mittlerer Hitze aufkochen. Das Zitronengras dazugeben und alles 5–6 Minuten kochen lassen, bis das Zitronengras duftet.
2. Knoblauch, Chilipaste, Limettensaft und Pilze hinzufügen und alles bei kleiner Hitze 5 Minuten simmern lassen.
3. Garnelen, rote und grüne Paprikaschoten und Kirschtomaten dazugeben. Dann alles 2–3 Minuten simmern lassen, bis die Garnelen rosa und prall sind.
4. Kokosmilch, Fischsauce, Meersalz und Honig hinzufügen und die Suppe noch ein paar Minuten simmern lassen.
5. Die Suppe in Schalen mit frischem Koriander bestreut (oder mit etwas gemahlenem Koriander abschmecken) servieren. Das schmeckt einfach köstlich!

Serviervorschläge:

* Reichen Sie dazu Aioli und getreidefreies Kräuterbrot.

MANGOLDSUPPE

Dieses Rezept von der Price-Pottenger Nutrition Foundation passt zu jeder Art von Brühe, einschließlich Gemüsebrühe. Diese Suppe trägt dazu bei, die basischen Reserven des Körpers wieder aufzufüllen.

Vorbereitung: 5–7 Minuten
Menge: ergibt 4 Portionen

- 1 Tasse gekochter Mangold, am besten gedünstet
- 3 Tassen Brühe
- 1 EL Pfeilwurzelmehl
- 1 EL Butter
- 1 Messerspitze gemahlene Muskatnuss

1. Den gedünsteten Mangold mit Brühe und Pfeilwurzelmehl gut durchmischen und erwärmen, bis die Suppe dicklich wird.
2. Butter und Muskatnuss hinzufügen und die Butter schmelzen lassen. Die Suppe gut umrühren und in Schalen oder großen Tassen servieren.

Serviervorschläge:

* Genießen Sie dazu getreidefreies Kräuterbrot oder Sauerteig-Roggenbrot.

PÜRIERTE BOHNENSUPPE

Diese Suppe können Sie mit allen Arten von Fleisch- und Geflügelbrühe und mit dem Heilkräftigen Gemüse-Zaubertrank (Seite 53) zubereiten.

Sie schmeckt so köstlich, dass sie bei unseren Gästen immer wieder Begeisterungsstürme auslöst! Sie lässt sich einfach und schnell zubereiten, steckt voller gesunder Vitamine und Mineralien und bietet zahlreiche Variationsmöglichkeiten.

Vorbereitung: 7–10 Minuten
Menge: ergibt 4 Portionen

- 1 EL Butter
- 2 TL Kurkumapulver
- 1 TL schwarzer oder weißer Pfeffer
- 2 Tassen aromatische Rinderbrühe (oder jede andere Brühe)
- 1 TL Meersalz
- 3 Tassen grüne Bohnen

1. Die Butter in einem Topf bei kleiner Hitze zerlassen.
2. Kurkumapulver und Pfeffer dazugeben und 2 Minuten erwärmen, sodass die Gewürze ihr Aroma und ihre Heilkraft entfalten.
3. Die Brühe dazugießen und bei starker Hitze aufkochen. Das Meersalz dazugeben.
4. Die Bohnen waschen und die Enden abschneiden (eventuell für andere Brühenzubereitungen verwenden). Die Bohnen in die Brühe geben und offen bei kleiner Hitze 3–5 Minuten simmern lassen, bis sie weich sind.
5. Den Topf vom Herd nehmen und die Bohnen mit einem Stabmixer oder in einer Küchenmaschine oder in einem Mixer cremig pürieren.

Optional: Fügen Sie eine der folgenden Zutaten hinzu:

- Ein paar Stückchen Brot. Macht die Suppe kräftiger und gehaltvoller.
- 2–4 Eier
- Etwas Ochsenschwanzfleisch von Heathers Einfacher Ochsenschwanzbrühe
- Etwas Hackfleisch

Serviervorschläge:

- Die Suppe mit Meersalz und Pfeffer abschmecken. In Suppenschalen warm servieren und ein Stück Butter oder etwas Kokosöl daraufgeben.

ZIEGEN-GEMÜSE-EINTOPF

Für dieses Rezept von **Eyton Shalom** benötigen Sie Lammbrühe, aber es funktioniert auch mit jeder anderen neutralen Brühe und mit dem Heilkräftigen Gemüse-Zaubertrank (Seite 53).

Vorbereitung: 20 Minuten
Zubereitung insgesamt: 2–4 Stunden
Menge: ergibt 4–6 Portionen

500 g Ziegenfleisch (Wenn Sie keine Bezugsquelle für hochwertiges Ziegenfleisch haben, nehmen Sie stattdessen Rinderbrust oder Lammbrust.)
3 Knoblauchzehen
2 EL Ghee (Butter oder Kokosöl)
2½ TL Kreuzkümmelsamen
12 Kardamomkapseln (oder 2 TL gemahlener Kardamom)
1½ TL schwarze Pfefferkörner
1½ TL Kurkumapulver
1 große oder 2 kleine Zwiebeln, geschält und gewürfelt (etwa 1½ Tassen)
2 Tassen Brühe
2 TL Meersalz
2 große Möhren, in große Stücke geschnitten (Sind die Stücke zu klein, besteht die Gefahr, dass die Möhren zerkocht werden.)
2 Tassen Weißkohl, gehackt

1. Das Ziegenfleisch unter fließendem Wasser abspülen und mit einem Küchentuch trocken tupfen.
2. Den Knoblauch schälen und hacken.
3. Das Ghee in einer großen Schmorpfanne (oder einem Bräter) mit Deckel bei kleiner Hitze zerlassen. Kreuzkümmel, Kardamom, schwarze Pfefferkörner und Kurkumapulver dazugeben und etwa 1 Minute erhitzen.
4. Das Ziegenfleisch dazugeben und bei mittlerer Hitze in 5 Minuten rundum braun anbraten. Zwiebelwürfel und Knoblauch hinzufügen und 2–3 Minuten mitbraten.

5. Die Brühe dazugießen, Meersalz und Möhren hinzufügen. Eventuell zusätzlich Wasser dazugeben, bis das Fleisch etwa 10 Zentimeter hoch bedeckt ist.
6. Alles bei starker Hitze aufkochen, dann bei kleiner Hitze 2 bis maximal 4 Stunden simmern lassen.
7. Etwa 45 Minuten vor dem Ende der Garzeit den Weißkohl dazugeben.

Serviervorschläge:

* Den Eintopf in Suppenschalen auf Selleriepüree, gekochtem Quinoa oder Reis anrichten und servieren.
* Genießen Sie dazu getreidefreies Kräuterbrot oder Sauerteig-Roggenbrot.

SCHNELLE PHO-SUPPE

Für dieses Rezept der populären Köchin Quinn Wilson eignen sich alle Fleisch- und Gemüsebrühen.

Diese Suppe ist ein fantastisches, einfaches Mittagessen – ideal fürs Büro oder unterwegs. Füllen Sie einfach alle Zutaten, auf die Sie Lust haben, in ein Weckglas (½ Liter oder 1 Liter, ganz wie Sie wollen). Gießen Sie heiße Brühe dazu, die dann die Zutaten zu einer köstlichen Suppe für unterwegs erwärmt.

Wenn Sie mehrere Stunden unterwegs sind, können Sie die Brühe morgens, ehe Sie aufbrechen, zubereiten und in einer Thermoskanne mit großer Öffnung mitnehmen. Dann haben Sie später ein tolles Mittagessen oder eine nährende, wärmende Zwischenmahlzeit.

Vorbereitung: 5–10 Minuten
Menge: ergibt 1 Portion

Alle Zutaten sind frei wählbar: Vertrauen Sie dabei auf ihre Intuition. Sie können Zutaten wählen, die zu einem bestimmten Thema passen. Oder Sie nehmen einfach Ihre Lieblingszutaten.

Gemüse nach Geschmack (Zucchini, Möhren, Zwiebeln, Radieschen, Tomaten, Kohl, Brokkoli- oder Blumenkohlröschen und so weiter), in dünne Scheiben geschnitten
Fleisch jeder Art (oder Garnelen), gegart und in dünne Scheiben geschnitten
fermentiertes Gemüse und scharfe Saucen (z. B. Kimchi, Sauerkaut, Rote Bete oder Sambal Oelek)
frische Kräuter (z. B. Basilikum, Schnittlauch, Petersilie, Koriander). Nehmen Sie pro Tasse Suppe jeweils etwa 1 Messerspitze
Reisnudeln
Brühe (für ein Halbliter- oder Einliter-Einmachglas mit Deckel, zum Auffüllen)
Meersalz und Pfeffer

1. Am Vorabend Gemüse, Fleisch und die anderen Zutaten vorbereiten (Gewürze, Nudeln und dergleichen). Alles in das Einmachglas füllen, aber nur so viel, dass noch Platz genug für die Brühe und die Reisnudeln ist.
2. Wenn Sie die Suppe essen möchten, die Brühe auf dem Herd erhitzen. Dann die heiße Brühe vorsichtig in das Glas gießen und die Reisnudeln hinzufügen. Wenn die Reisnudeln weich geworden sind, das Glas mit dem Deckel verschließen und die Mischung 5–7 Minuten ziehen lassen.
3. Nach Wunsch mit Meersalz und Pfeffer abschmecken.

ANHANG

Noch ein Wort zu Kräutern, Gewürzen und den sechs Geschmacksrichtungen

In unseren Rezepten verwenden wir Kräuter und Gewürze wegen des Geschmacks und wegen ihrer medizinischen Wirkung, aber auch, um in einem Rezept Harmonie und Ausgewogenheit herzustellen. Die Lebensmittelindustrie produziert heute Nahrungsmittel, die bewusst unausgewogen komponiert sind – zu süß, zu salzig, zu fett –, um unser Sättigungsgefühl auszutricksen. Der Körper möchte dann immer mehr von diesen Nahrungsmitteln essen, was der Industrie hohe Umsätze garantiert. Wenn Sie hingegen beim Kochen die sechs Geschmacksrichtungen ausgewogen berücksichtigen, fühlt sich der Körper nach einer Mahlzeit angenehm gesättigt und geerdet. Das sorgt für innere Ausgeglichenheit und ein besseres Konzentrationsvermögen. Diese wohltuende Ausgewogenheit haben wir bei allen Rezepten in diesem Buch berücksichtigt. Für diejenigen unter Ihnen, die gerne experimentieren, ist die nachfolgende Tabelle zu den sechs Geschmacksrichtungen gedacht. Hier sehen Sie, welche Kräuter und Gewürze Sie in Ihren eigenen Rezepten einsetzen können, um die gewünschte Ausgewogenheit zu erreichen.

In vier einfachen Schritten zum Kräuter- und Gewürzexperten

1. Kaufen Sie sich einige bekannte und beliebte Gewürze.
2. Verwenden Sie die in unseren Rezepten aufgeführten Gewürze und achten Sie auf deren Geschmack. Gute Köche probieren während des Kochens! Kosten Sie, wie das Gericht schmeckt, bevor Sie eines der Gewürze hinzufügen, und danach. Achten Sie auf den Unterschied. So lernen Sie, welche Gewürze Ihnen gut schmecken und wie Ihr Körper darauf reagiert.
3. Fangen Sie immer mit einer kleinen Menge an. Wenn Sie von einem Kraut oder Gewürz nur eine Messerspitze nehmen, kann eigentlich nichts schiefgehen. Rühren Sie gut um, probieren Sie und nehmen Sie dann bei Bedarf eine weitere Messerspitze.
4. Gebrauchen Sie Ihre Intuition. Manchmal, ohne bewusst zu wissen warum, werden Sie sich von genau den Gewürzen angezogen fühlen, deren Heilkräfte Ihr Körper gerade jetzt benötigt.

Geschmack und medizinische Eigenschaften	Kraut, Gewürz oder Aroma
Süß Wirkt stärkend, reinigend und kühlend, verlangsamend und entspannend, baut Gewebe auf und kräftigt es, liefert Energie.	Dill, Estragon, Fenchel, Kardamom, Koriander, Minze, Muskatnuss, Piment, Vanille, Zimt
Salzig Kühlende Wirkung, spendet Feuchtigkeit, Verhärtungen und Steifigkeit werden gebessert, wirkt verdauungsfördernd und entgiftend.	Meersalz, rosa Himalajasalz, Fischsauce, Umeboshi-Pflaume, Bonitoflocken, Tamari, Meeresalgen
Sauer Kühlende Wirkung, hilft bei zu losem Gewebe oder bei Flüssigkeitsverlust, zum Beispiel starkes Schwitzen, Durchfall, Hämorriden, Senkung.	Granatapfel, Kümmel, Wacholderbeeren, Zitronengras
Herb / zusammenziehend Kühl, trocken und schwer, kann Blutungen stoppen und die Heilung von Geschwüren unterstützen, wirkt blutreinigend.	Basilikum, Dill, Estragon, Fenchel, Granatapfel, Safran, Zimt
Scharf Wärmende Wirkung, regt den Energiefluss an, verdauungsanregend, kann die Leberfunktion verbessern.	Bockshornklee, Gewürznelken, Hing (Asafoetida), Ingwer, Knoblauch, Kümmel, Kreuzkümmel, Lorbeerblätter, Oregano, Paprika, Piment, Rosmarin, Salbei, Selleriesamen, Thymian
Bitter Kühlende Wirkung, ein Flüssigkeitsüberschuss wird ausgetrocknet, exaltierte Persönlichkeiten werden beruhigt, hilft gegen Entzündungen und Verstopfung.	Bockshornklee, Estragon, Kreuzkümmel, Kurkuma, Lorbeerblätter, Safran

Rezeptregister